MICHAEL ROSCHER

Astrologische Aspektlehre

Standardwerke der Astrologie

MICHAEL ROSCHER

Astrologische Aspektlehre

978-3-89997-271-9

Umschlag: Judith Machnow, Tübingen
Druck: Finidr, Český Těšín

Zu beziehen über:
Chiron Verlag, Postfach 1250, D-72002 Tübingen
www.chiron-verlag.de

Inhalt

Einführung

Was sind Aspekte?

Unter Aspekten versteht man in der Astrologie bestimmte Winkelverhältnisse, die Planeten untereinander sowie zu Hausspitzen bilden. Das lateinische Wort *aspectare* heißt »sich anblicken«. Für die Astrologie bedeutet dies, dass die Perspektive, der Blickwinkel zweier oder mehrerer Planeten zueinander, eine eigenständige Bedeutung hat. Wenn also zum Beispiel Mars und Pluto 90 Grad voneinander entfernt stehen, haben sie nach dieser Theorie eine andere Qualität, als wenn sie 120 Grad voneinander entfernt sind. Obwohl eigentlich jede Distanz zwischen zwei Planeten aussagekräftig sein müsste, berücksichtigt man in der Praxis traditionell nur einige wenige Aspekte. Ihnen wird eine herausragende »Wirkung« zugeschrieben. Diese Aspekte sind die Konjunktion (0 Grad), die Opposition (180 Grad), das Trigon (120 Grad), das Quadrat (90 Grad) und das Sextil (60 Grad). Gemäß der astrologischen Überlieferung gehören hier eigentlich auch noch der Parallelschein (gleich weite Entfernung zweier Planeten vom Äquator) und die Antiszien (gleich weite Entfernung zweier Planeten von 0 Grad Krebs) hinzu. Die beiden letztgenannten Aspekte sind seit einigen Jahrzehnten in der westlichen Welt ein wenig aus der Mode gekommen. Es wäre töricht, daraus Schlüsse über den Wert oder Unwert dieser Winkelbeziehungen zu ziehen.

Neben den allgemein bekannten und anerkannten Grundaspekten gibt es eine Vielzahl weiterer Aspekte, über welche die Ansichten sehr weit auseinandergehen: Während sie die einen für äußerst wichtig halten, bleiben sie von anderen völlig unbeachtet. In der Transpersonalen Astrologie trifft dies zum Beispiel auf das Bilin (75 Grad) zu: ein nahezu unbekannter Aspekt, über den sich in der gesamten astrologischen Literatur nur wenige Zeilen finden. Ich bin allerdings der Ansicht, dass es sich hier um einen wichtigen Aspekt handelt, der in seiner Qualität dem Quadrat nahesteht.

Grundsätzlich begehen die meisten den Fehler, Aspekte wichtiger zu nehmen, als sie eigentlich sind. Zwar sind sie für eine umfassende Deutung unverzichtbar, sie bilden aber lediglich eines der abschließenden Glieder einer Kette von Deutungselementen, die es zu berücksichtigen gilt. Diese Einlassung mag zu Beginn eines Buches, das sich ausschließlich mit Aspekten beschäftigt, vielleicht ein wenig seltsam anmuten. Dennoch ist es eine Tatsache, dass ein einzelner Aspekt nicht annähernd die Aussagefähigkeit hat, die die meisten Astrologiefreunde ihm unterstellen wollen. Einige von ihnen sind regelrechte Generationskonstellationen, die Jahre oder Jahrzehnte andauern können. Zudem sind Aspekte unabhängig vom Ort, das heißt, alle Menschen, die an einem bestimmten Tag zur Welt kamen, haben ohne Ausnahme die gleichen Aspekte im Horoskop[1]. Dass hier ohne Einbeziehung der Häuser und Häuserherrscher über das Individuum nichts mehr ausgesagt werden kann, müsste eigentlich einleuchten. Bedauerlicherweise ist jedoch gerade der kulturelle Bereich, dem erklärtermaßen die Entwicklung des menschlichen Bewusstseins besonders am Herzen liegt, nämlich die Esoterik, erstaunlich resistent gegen Einsichten des gesunden Menschenverstandes. Die besten Argumente nützen hier wenig, wie ich aus langjähriger Erfahrung als Seminarleiter und Buchautor weiß. So soll denn jeder den verschiedenen Horoskopfaktoren den Stellenwert geben, der ihm angemessen erscheint. Wer sich für die Gewichtung nach der Methode des Autors interessiert, kann dies in einer Reihe von Büchern nachlesen. Der Grund für die Überbewertung der Aspekte liegt wahrscheinlich darin, dass sie so leicht aufzufinden sind: Zumindest die Hauptaspekte können schon nach

---

[1] Einzige Ausnahme ist hier der Mond, dessen Position am Himmel sich je nach Betrachtungsort um etwa ein Grad verändern kann (Parallaxe). Zudem bewegt sich der Erdtrabant zirka alle zwei Stunden um ein Grad weiter auf der Ekliptik. Dieser Umstand ist jedoch für die hier gemachten prinzipiellen Aussagen bedeutungslos.

kurzer Übung mit einem Blick erkannt werden, während andere Deutungselemente weit schwieriger zu erarbeiten sind.

Obwohl die Aspekte in fast jedem Lehrbuch der Astrologie beschrieben werden, wäre dieses Buch nicht vollständig, wenn die allgemeinen Deutungsregeln der wichtigsten Planeten unerwähnt blieben. Ich bin ausführlicher auf die Spiegelpunkte eingegangen, da diese nicht so bekannt sind und es wenig Literatur zu ihnen gibt. Wem diese Ausführungen zu kompliziert oder zu technisch sind, der kann den Abschnitt ohne Weiteres überblättern, dem Verständnis des übrigen Buches tut dies keinen Abbruch. Wer die Spiegelpunkte in seine Deutung einbeziehen möchte, kann behelfsweise die Texte zu den Konjunktionen verwenden. Das Bilin passt am ehesten zu dem unter dem Abschnitt »Spannungsaspekte« Gesagten.

Konjunktion

Eine Konjunktion nennt man die Stellung zweier (oder mehrerer) Planeten am gleichen Ort im Horoskop. Die Konjunktion ist der wichtigste Aspekt überhaupt. Ihre Bedeutung ist für sich genommen weder gut noch schlecht, sie hängt vielmehr von den beteiligten Planeten ab: Bildlich gesprochen sitzen zwei in einem Boot, sie sind also aufeinander angewiesen, ob ihnen dies gefällt oder nicht.

Passen die entsprechenden Energien zusammen, so ist das Ergebnis hervorragend. Beide rudern harmonisch in eine Richtung. Geraten hingegen zwei unvereinbare Kräfte aneinander, so wird mit aller Macht in entgegengesetzte Richtung gerudert, so dass man trotz großer Anstrengung nicht von der Stelle kommt. Die Wirkung einer Konjunktion wird also vollständig davon bestimmt, wie sehr die entsprechenden Planetenprinzipien miteinander harmonieren.

Opposition

In der Opposition stehen sich zwei Planeten genau gegenüber, das heißt, sie sind 180 Grad voneinander entfernt. Man bezeichnet die Opposition gerne als »Spannungsaspekt«. In der Tat kann man sich die beteiligten Planeten als zwei entgegengesetzte Pole vorstellen. Dies muss aber keineswegs negativ sein, denn »Gegensätze ziehen sich an«. Die Opposition symbolisiert das Bedürfnis nach Ausgleich und Ergänzung. Dies ist der Grund, warum sie in der Partnerschaftsastrologie der wichtigste Aspekt ist.

Gleichzeitig entspricht sie »offensichtlichen Konflikten«, das heißt, sie veranschaulicht Schwierigkeiten, über deren Thematik und Bedeutung wir uns bewusst sind. Dementsprechend können wir mit Oppositionen umgehen und sogar aus einer scheinbaren Schwäche eine Stärke machen.

Trigon

Das Trigon entspricht einem Abstand von 120 Grad. Es gilt als der harmonischste Aspekt überhaupt; das heißt, die betroffenen Planetenkräfte verbinden sich in größtmöglichem Maße. Auch hier muss die Wirkung keineswegs immer positiv sein. So mag ein Trigon in seinem Zuständigkeitsbereich zu Passivität und Faulheit verleiten, da es möglicherweise an Herausforderung fehlt. Trigone verweisen lediglich auf eine Verbindung ohne jeglichen Reibungsverlust, die angesprochenen Themen können sich also ohne innere und äußere Widerstände verwirklichen.

Bildlich gesprochen entsteht aus zwei Kräften eine dritte, welche die beiden anderen beinhaltet, gleichzeitig jedoch eine neue und eigenständige Wirkung hat. So haben zum Beispiel Wasserstoff und Sauerstoff bestimmte chemische Eigenschaften (normalerweise gasförmig, brennbar bzw. die Verbrennung ermöglichend usw.). Bringen wir jedoch Wasserstoff und Sauerstoff im Verhältnis 2 zu 1 zusammen, so entsteht Wasser. Wasser hat völlig andere Eigenschaften als Wasserstoff und Sauerstoff. Aus der Verbindung von zwei Energien (bzw. Stoffen) ist also eine dritte, neue Energieform entstanden; genau das wird durch das Prinzip des Trigons symbolisiert.

Trigone werden in diesem Buch unter der Rubrik »Harmonische Aspekte« behandelt.

Quadrat

Das Quadrat entspricht einem Winkelabstand von 90 Grad. Es gilt als schwierigster Aspekt. Richtig ist, dass es Hindernisse und Widerstände symbolisiert, die jedoch durchaus eine schöpferische Herausforderung darstellen können.

In der Entwicklung der Aspekte geht das Quadrat dem Trigon voraus; das heißt, bevor eine Sache zu einer harmonischen Verbindung zweier Kräfte werden kann, müssen erst Spannungen und Hindernisse überwunden werden, die massive Energien freisetzen. Um das obige Beispiel wieder aufzugreifen: Bei der Verbindung von Wasserstoff und Sauerstoff kommt es auch erst einmal zur sogenannten Knallgasreaktion, das heißt, der Wasserstoff verbrennt explosionsartig, bevor schließlich Wasser entsteht.

Im Horoskop zeigt das Quadrat Spannungsfelder an, deren Bedeutung und Hintergründe nicht offensichtlich sind. Es entspricht unfertigen Charaktereigenschaften und Fähigkeiten, die erst noch entwickelt und vervollkommnet werden müssen. Dies ist gelegentlich ein schwieriger und schmerzhafter Vorgang. Auf der anderen Seite entsprechen Quadrate einem sehr viel höheren Energieniveau als zum Beispiel Trigone. Dies besagt, dass Quadrate nicht nur Spannungen und Schwierigkeiten anzeigen, sondern auch die Kraft und Fähigkeit, sie zu lösen.

Sextil

Das Sextil entspricht einem Abstand von 60 Grad. Es wird in der modernen Astrologie sehr zu Unrecht vernachlässigt. Das Sextil kann in seiner Bedeutung als eine Mischung von Konjunktion und Trigon verstanden werden: Zwei Kräfte »sitzen in einem Boot«, verbinden sich jedoch teilweise zu etwas Neuem. Dieses Neue ist unbeständig und vorläufiger Natur. Es zeigt die Möglichkeit einer echten Synthese an, ohne diese selbst schaffen zu können. Sextile haben damit gewisse eine Katalysatorfunktion, sie deuten Chancen und Ereignisse an, deren Verwirklichung jedoch erst erarbeitet werden muss.

Halbquadrat

Wie der Name schon sagt, entspricht dieser Aspekt einem halben Quadrat, also einem Winkel von 45 Grad. Es ist auch in seiner Wirkung dem Quadrat verwandt. Es entspricht oft weniger konkreten Hindernissen als einer (unbewussten) Anspannung, einer nervlichen Überreizung in den angesprochenen Lebensbereichen. Im Horoskop eines Menschen scheinen Halbquadrate eher von psychologischer als von »konkreter« Bedeutung zu sein. Anders ist ihre Bedeutung in Ereignishoroskopen: Hier kommt ihnen bei Exaktheit ein oft überragender Stellenwert zu.

Anderthalbquadrat

Das Anderthalbquadrat entspricht einem Winkel von 135 Grad. Während Halbquadrate auf sich anbahnende, latente Problemfelder hindeuten, entsprechen Anderthalbquadrate eher »Folgeschäden«: Sie haben eine hemmende, blockierende und verschleppende Wirkung.

Bilin

Ein zu Unrecht völlig vernachlässigter bzw. unbekannter Aspekt: Er entspricht einem Winkel von 75 Grad. In Winkeln zu den Hausspitzen tritt seine Bedeutung sehr deutlich in Erscheinung: Er hat hier eine (selbst-)zerstörerische »Wirkung«. Biline zeigen an, in welchen Lebensbereichen jemand Energien gegen sich selbst richtet, ohne dies bewusst zu merken.

Antiszien (Spiegelpunkte)

Unter Antiszien versteht man Planetenpositionen, die – in entgegengesetzter Richtung – gleich weit von der Krebs-Steinbock-Achse entfernt sind. Die Gegenspiegelpunkte finden sich über die Widder-Waage-Achse. Wie der Name Gegenantiszien oder Gegenspiegelpunkte schon andeutet, liegen diese Punkte den Antiszien im

Tierkreis genau gegenüber. In der Praxis ist deshalb die Unterscheidung zwischen beiden Formen der Spiegelung ziemlich bedeutungslos, da bei Antiszien nicht zwischen Konjunktion, Opposition und Quadrat unterschieden wird. Es reicht also, wenn man weiß, dass kardinale Zeichen immer in bewegliche, bewegliche immer in kardinale und fixe immer in fixe Zeichen spiegeln.

In der Interpretation sind Spiegelpunkte nur bedeutsam, wenn Sie von einem Planeten (oder einer Hausspitze) besetzt sind, wenn also zum Beispiel die Venus auf 23 Grad Steinbock, der Pluto jedoch auf 7 Grad Zwilling stünde. Spiegelpunkte sind in der Wertung der Konjunktion fast ebenbürtig! Dies gilt sowohl für die Deutung als auch für das Gewicht, welches ihnen zukommt.

Der astrologisch-astronomische Hintergedanke der Antiszien war die Gleichheit der Deklination und damit der Tagesbögen. Das heißt, beide Planeten brauchen die gleiche Zeit, um über den Horizont zu wandern, und stehen gleich hoch über dem Äquator. Dies ist jedoch nur dann der Fall, wenn sich beide genau auf der Ekliptik befinden, was eher die Ausnahme als die Regel ist. In den anderen Fällen wird so getan, als ob der Planet genau auf der Ekliptik stünde, was mit seiner wahren Position natürlich nichts zu tun hat. Da in der konventionellen Astrologie jedoch ausschließlich von den Projektionsstellen der Planeten auf der Ekliptik ausgegangen wird, sind Parallelen der ekliptikalen Planetenpositionen und Antiszien identisch. Dieser wichtige und elementare Zusammenhang ist nur offensichtlich, wenn astronomische Grundkenntnisse vorhanden sind. Diese können dem Leser nicht wie selbstverständlich unterstellt werden, zumal ja noch nicht einmal Berufsastrologen eine Ahnung von Himmelsmechanik haben, von rühmlichen Ausnahmen einmal abgesehen. Zum leichteren Verständnis deshalb ein Vergleich: Stellen wir uns vor, der Tierkreis wäre eine Straße. Die einzelnen Grade wären dann die Häuser in der Straße bzw. die Hausnummern. Die konventionelle Astrologie beschäftigt sich ausschließlich damit, welche »Hausnummer« ein Planet hat, sie interessiert sich nicht dafür, in welchem Stock der Planet »wohnt«. Auch wenn es zweifellos einen Unterschied macht, ob wir in einer

Kellerwohnung oder im 40. Stock eines Hochhauses leben, ändert dies doch nichts an der Hausnummer. Normale Horoskope stellen immer nur die Hausnummer, niemals das Stockwerk dar[2].

Die besten Ergebnisse werden Sie bei der Arbeit mit Spiegelpunkten unzweifelhaft dann erhalten, wenn Sie vor allem solche berücksichtigen, in denen gleichzeitig auch eine exakte Deklinationsparallele (weniger als 1 Grad Ungenauigkeit) besteht. Bei den Gegenantiszien handelt es sich um die Beziehungen von südlicher und nördlicher Deklination. Hier wäre bei dem einen Planeten der Tagesbogen um genau den Betrag länger als 12 Stunden (0 Grad Widder = Tagundnachtgleiche), als er beim anderen kürzer ist. Das arithmetische Mittel beider Tagesbögen beträgt somit immer zwölf Stunden. Die Problematik, dass Spiegelpunkte nicht die wahre, sondern nur die ekliptikale Position eines Planeten berücksichtigen, gilt für diesen Fall natürlich gleichermaßen. Es ist hilfreich zu wissen, dass sich die größten Abweichungen bei Mond, Merkur und Pluto ergeben können.

Sonne, Uranus und die Mondknoten befinden sich immer auf der Ekliptik, sodass sich hier keine Unterschiede zwischen Spiegelpunkten und Deklinationsparallelen ergeben.

Orbis

Das Wort »Orbis« bedeutet »Umkreis«. Gemeint sind damit die Grenzen, in denen ein Aspekt Gültigkeit hat. So kommt es zum Beispiel nur sehr selten vor, dass zwei Planeten genau an der gleichen Stelle im Horoskop stehen, also eine völlig exakte Konjunktion bilden. Meist weichen sie von dieser exakten Position ein wenig ab, wenn etwa der Mond auf 23 Grad Widder und der Mars auf 26 Grad Widder steht. Auch dieser Aspekt wird noch eine Konjunktion genannt, obwohl er von dem geforderten Null-Grad-Abstand abweicht.

---

[2] Das Stockwerk entspräche in diesem Beispiel der Deklination bzw. der ekliptikalen Breite.

Das Gleiche gilt für die anderen Aspekte, und es stellt sich die Frage, innerhalb welcher Grenzen ein Aspekt noch gilt und ab wann der Orbis überschritten ist. Viele Astrologen haben hier versucht, komplizierte Regelsysteme aufzustellen, in denen für jeden Aspekt und jeden Planeten der exakte Orbis festgelegt werden sollte. Dies ist jedoch in der Praxis unsinnig: Jedes Horoskop ist anders, und es gibt eine zu große Anzahl von Kriterien zu berücksichtigen, um im Einzelfall zu entscheiden, ob ein Aspekt noch gilt oder nicht. Ich schlage deshalb folgendes Verfahren vor:

1. Arbeiten Sie mit einem Orbis von 6 Grad in beiden Richtungen. So würde zum Beispiel ein Quadrat von 84 bis 96 Grad gelten.
2. Beziehen Sie die Geschwindigkeit der Planeten in Ihre Überlegungen mit ein: Je schneller sich ein Planet bewegt, um so größer wird der zulässige Orbis. So mag eine Konjunktion zwischen Sonne und Mond trotz 12 Grad Orbis noch Gültigkeit haben, während ein Sextil zwischen Neptun und Pluto schon bei 3 Grad Orbis bedeutungslos wird.
3. Bedenken Sie, dass Astrologie nicht nach dem Lichtschalterprinzip funktioniert: Je größer der Orbis, um so schwächer ist die Wirkung eines Aspektes. Es ist nahezu unmöglich, präzise den Punkt anzugeben, ab dem der Aspekt gerade überhaupt keine Wirkung mehr hat.
4. Wählen Sie den Orbis lieber zu klein als zu groß; erfahrungsgemäß neigen Astrologieanfänger, in ihrem verständlichen Bedürfnis, dem Horoskop möglichst viele Informationen zu entlocken, zu geradezu astronomischen Orben.
5. Der Orbis des Bilins übersteigt niemals 1 Grad.
6. Der Orbis eines Spiegelpunktes übersteigt niemals 3,5 Grad.
7. Verwenden Sie für Transite die Hälfte der genannten Orben.

Sonnen-Aspekte

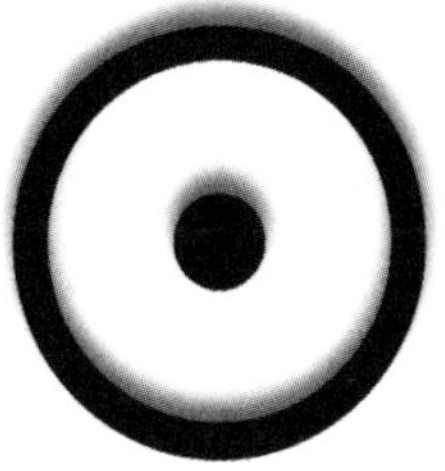

Sonne-Mond-Aspekte

Prinzip: emotionales Handeln

Konjunktion

Entspricht auch der Sonne in Haus vier und dem Mond in Haus fünf

In der klassischen Astrologie gilt die Konjunktion von Sonne und Mond als eher unheilverkündend. In der Vergangenheit glaubten Astrologen, dass der Aspekt auf frühzeitigen Tod, Erblinden, Zwergwuchs und ähnlich unerfreuliche Dinge hindeuten würde. Glücklicherweise hat die Erfahrung (und die statistische Überprüfung) gezeigt, dass an diesen Behauptungen nichts dran ist. Übrig bleibt von diesen Hypothesen lediglich die Erkenntnis, dass Sonne-Mond-Konjunktionen einen gewissen Zusammenhang mit verschiedenen Formen von Sehschwäche (wie zum Beispiel Astigmatismus) sowie gelegentlich eine etwas zarte Konstitution aufweisen.

Die im europäischen Sprachraum vermutlich bekannteste unter einer Sonne-Mond-Konjunktion Geborene war Romy Schneider, die, wie wir wissen, weder zwergwüchsig noch blind war.

Der Ursprung dieser leider auch in der zeitgenössischen astrologischen Literatur auftauchenden beängstigenden Fehlinterpretation liegt wohl in einer Verwechslung der Deutung von Sonnenfinsternissen und Neumondkonstellationen (also Konjunktionen zwischen Sonne und Mond). Sonnenfinsternisse sind ein Spezialfall einer Sonne-Mond-Konjunktion, und die Astrologen im Altertum nahmen an, dass die Geburt während einer sichtbaren Sonnenfinsternis ein ausgesprochen unheilverkündendes Zeichen sei. Sichtbare Sonnenfinsternisse sind ausgesprochen selten, Geburten zu diesen Zeitpunkten natürlicherweise auch. Ob an der ursprünglichen Theorie etwas dran ist oder nicht, kann daher mangels ausreichender Fallbeispiele zurzeit nicht entschieden werden.

Menschen, die mit einer Sonne-Mond-Konjunktion im Horoskop

geboren wurden, weisen oft eine ganz außergewöhnliche Ausstrahlung auf: Sie wirken häufig in der einen oder anderen Hinsicht »unirdisch« oder ätherisch. Dies kann sich in einem besonders filigranen Äußeren, einer außergewöhnlich zarten und wohlklingenden Stimme oder auch »nur« in einem ausnehmend liebenswürdigen Verhalten äußern.

Diese Konstellation ist ein recht sicheres Zeichen für eine gewisse Naivität, die sich in einem eigentümlichen Urvertrauen in die Menschen und das Leben äußert. Dies weckt regelmäßig die Beschützerinstinkte von Angehörigen und Freunden, die fürchten, dass die Nativen mit ihrer »Weltfremdheit« unter die Räder kommen könnten.

Unbestreitbar begeben sich tatsächlich viele Sonne-Mond-Geborene vor allem in jungen Jahren in gelegentlich haarsträubend gefährliche Situationen. Allerdings geschieht dabei nur in den seltensten Fällen ein Unglück. So eigentümlich die Geborenen an das Leben und seine Herausforderungen heranzugehen scheinen, es wäre ein großer Fehler, sie zu unterschätzen. Der Erfolg gibt ihren unkonventionellen Vorgehensweisen nur allzu oft recht.

Spannungsaspekte (Opposition und Quadrat)

Entsprechen auch Spannungsaspekten zwischen den Herrschern von Haus fünf und Haus vier

Insbesondere die Opposition, also der Vollmond, wird oft völlig zu Unrecht als problematischer Aspekt betrachtet. Spannungsaspekte zwischen Sonne und Mond scheinen im Gegenteil auf eine besondere Fähigkeit zu Vitalität und Lebensfreude hinzuweisen. Menschen mit dieser Konstellation sind ausgesprochen gefühlsintensiv. Sie sind von heftigen Emotionen bewegt und müssen diese auch ausleben, um sich wohl und gesund zu fühlen. Dies kann sich im Drang nach körperlicher, sportlicher Betätigung oder auch im Künstlerischen äußern. Gelegentlich werden sich die Nativen als Opfer ihrer eigenen Stimmungsschwankungen empfinden, allerdings nur, wenn sie in einer Umwelt leben, die ihrem persönlichen Selbstentfaltungsdrang allzu große Grenzen auferlegt.

Ansonsten sind Sonne-Mond-Geborene einfach »Saisonarbeiter«: Wenn sie von einer Idee begeistert sind, können sie über Wochen und Monate sehr hart arbeiten und mit einem Minimum an Schlaf auskommen. In Phasen von Mutlosigkeit mag ihnen dann allerdings genauso die kleinste Anstrengung zu viel sein.

Das Zusammenleben mit den Nativen mag nicht immer einfach sein, da es einfach unmöglich ist, sich ihrer Ausstrahlung und ihren Stimmungen zu entziehen. Auf der anderen Seite wird es mit ihnen bestimmt niemals langweilig, da sie einen permanent mit neuen Ideen, Projekten, Liebschaften und Ähnliches in Atem halten. Gelegentlich geht ihnen die Gefühlsachterbahn ihres Lebens selber ein wenig auf die Nerven und sie sehnen sich nach einer entspannenden Routine. In solchen Situationen werden Tages-, Wochen-, Monats-, oder gar Jahrespläne aufgestellt. Aber machen Sie sich keine Sorgen: Die unter dieser Konstellation Geborenen sind viel zu sehr gefühlsbestimmt, als dass sie einer seelenlosen Routine längere Zeit anhängen könnten.

Harmonische Aspekte (Trigon und Sextil)

Entsprechen auch harmonischen Aspekten zwischen den Herrschern von Haus fünf und Haus vier

Harmonische Aspekte zwischen Sonne und Mond sind ein sicheres Indiz für eine ausgeglichene Gemütslage. Vermutlich wuchsen die Betroffenen unter angenehmen und spannungsarmen Bedingungen auf, die es ihnen ermöglichten, ein außergewöhnlich stabiles seelisches Gleichgewicht zu entwickeln. So kommen sie denn auch mit sich und ihrer Umwelt überdurchschnittlich gut zurecht. Die Fähigkeit, auch in schwierigen Situationen gelassen zu bleiben, korrespondiert jedoch auch mit einer gewissen Passivität oder gar Trägheit. Die Nativen haben die Begabung, sich in jeder Lage so gut wie möglich einzurichten, sind jedoch kaum Macher, die aktiv

Probleme anpacken. Hier sind Freundschaften und Partnerschaften hilfreich, die einen gelegentlich ein wenig provozieren, sich für sinnvolle Veränderungen stark zu machen.

Die Fähigkeit, Gefühle angemessen und für andere verständlich auszudrücken, ohne dabei gekünstelt oder übertrieben zu erscheinen, macht die Nativen für das andere Geschlecht attraktiv. Vor allem Menschen mit heftigen Gefühlsschwankungen und einem belasteten Elternhaus sind von ihnen fasziniert.

Wenn andere Konstellationen dies bestätigen, liegt hier eine schöpferische oder kunsthandwerkliche Begabung vor. Menschen mit harmonischen Aspekten zwischen Mond und Sonne haben einen überdurchschnittlich guten physischen Gleichgewichtssinn, was aus ihnen gelegentlich begnadete Turner und Artisten werden lässt. Fast alle Frauen mit dieser Konstellation und die meisten Männer sind exzellente Tänzer.

Sonne-Merkur-Aspekte

Prinzip: flexibles Handeln

Konjunktion

Entspricht auch der Sonne im dritten und sechsten Haus und Merkur im fünften Haus

Die Konjunktion ist der einzige Aspekt, der zwischen Sonne und Merkur möglich ist. Merkur entfernt sich niemals weiter als 28 Grad von der Sonne; das ist auch der Grund, warum dieser Planet nur selten und ausschließlich kurz vor Sonnenaufgang oder kurz nach Sonnenuntergang am Himmel sichtbar ist. Sonne-Merkur-Konjunktionen deuten allgemein auf ein umtriebiges Temperament hin. Viele haben kein rechtes »Sitzfleisch«, müssen ständig in Bewegung sein und reagieren nervös, wenn einmal Ruhe nicht zu vermeiden ist.

Der Handlungs- und Aktionsdrang ist so groß, dass fast immer mehrere Projekte gleichzeitig angegangen werden. Im Berufsleben ist das genauso der Fall wie im Privatbereich. Freilich ist damit noch nicht gesagt, dass Angefangenes auch zu Ende geführt wird. In der Regel ist eher das Gegenteil der Fall, zu viel wird begonnen und zu gering sind Ausdauer und Geduld ausgeprägt. Stören wird das die Nativen kaum, sie brauchen all ihre Energie, um die Folgen, die sich aus gelungenen Projekten ergeben, zu bewältigen.

Diese Konstellation kann auf ein gesteigertes Mitteilungsbedürfnis bis hin zur Geschwätzigkeit hindeuten. Insbesondere bei weiteren Konjunktionen (5 bis 10 Grad Entfernung von der Sonne) mag eine derartige Tendenz bestehen.

Sehr enge Konjunktionen (weniger als 1 Grad Entfernung von der Sonne) werden hingegen als besonders positiv angesehen.

Sie sollen auf ausgeprägte intellektuelle Fähigkeiten und eine robuste Konstitution hinweisen.

Sonne-Merkur-Verbindungen lassen männliche Native vielfach bis ins höhere Alter jugendlich wirken, während sie bei Frauen des Öfteren auf Beziehungen zu einem jüngeren Partner hindeuten.

Steht die Sonne-Merkur-Konjunktion an einer bedeutsamen Position im Horoskop und liegen weitere Sonne-Merkur-Entsprechungen vor, kann das ein Hinweis auf besondere schauspielerische Neigungen und Fähigkeiten sein.

Weist die Sonne-Merkur-Konjunktion hingegen einen Bezug zum sechsten Haus auf, so sind meist außergewöhnliches Verhandlungsgeschick und Geschäftssinn vorhanden.

Insgesamt kommt diesem Aspekt keine herausragende Rolle zu: Sonne-Merkur-Konjunktionen sind einfach zu häufig als dass sie zuverlässige individuelle Aussagen ermöglichen könnten. Zudem ist er – wie bereits gesagt – der einzige mögliche Aspekt zwischen diesen Planeten.

Horoskopbeispiel Sonne-Merkur-Konjunktion

Die Klientin ist Berufsschauspielerin und in ihrem Metier recht erfolgreich. Wie sie berichtet, ist sie in vierter Ehe glücklich mit einem 25 Jahre jüngeren Mann verheiratet, mit dem sie abwechselnd in München, Los Angeles und Lausanne lebt.

Sie hat zwei inzwischen erwachsene Kinder, die mit ihr gemeinsam in ihrer Schweizer Residenz leben.

Das Beratungsgespräch war angenehm, da es sich um eine sehr sympathische Person handelt. Eine Beantwortung ihrer zahlreichen, vorher schriftlich eingereichten Fragen war jedoch trotz heftigen Bemühens meinerseits nicht möglich, da die Dame die gesamte zur Verfügung stehende Zeit atemlos erzählte. In ihrem Monolog entwickelte sie selbst die Antworten auf ihre Fragen, an manchen hatte sie in der Zwischenzeit auch das Interesse verloren. Sie schien mit dem Ergebnis des Gesprächs sehr zufrieden zu sein, bedankte sich herzlich und flog mit der nächsten Maschine wieder in die Schweiz.

Sonne-Venus-Aspekte

Prinzip: sicherheits- und begegnungsorientiertes Handeln

Konjunktion

Entspricht auch der Sonne in Haus zwei und sieben und der Venus in Haus fünf

Die Sonne-Venus-Konjunktion ist, wie die Sonne-Merkur-Konjunktion, keiner der bedeutsamsten Aspekte, da auch die Venus sich nicht allzu weit von der Sonne entfernen kann. Maximal 47 Grad Abstand kann sie erreichen, so dass außer der Konjunktion nur das Oktil bzw. das Halbquadrat als Aspekt möglich ist. Diese Konstellation kann auf künstlerische Neigungen und Fähigkeiten hindeuten.

Eine besondere Beziehung zur Mode, zu Farben und zur Malerei scheint oft vorhanden zu sein. In geringerem Maße gilt dies auch für die Musik.

Vielfach ist eine gesteigerte Genussfähigkeit vorhanden: Die Nativen essen und trinken gern und sind auch anderen Sinnesfreuden nicht abgeneigt. Kaum einer mit einer Sonne-Venus-Konjunktion im Horoskop ist zum Asketen und Abstinenzler geboren.

Wenn andere Konstellationen nicht dagegen sprechen, handelt es sich fast immer um Menschen mit einem ausgesprochen geselligen Naturell, die ihre Freizeit am liebsten in einem möglichst großen Freundes- und Bekanntenkreis verbringen. Gemeinsame Feiern und »Wein, Weib und Gesang« verschaffen ihnen mehr Freude und Befriedung als das Erreichen ehrgeiziger Ziele oder besondere öffentliche Anerkennung. Dennoch haben viele gesellschaftlich erfolgreiche Menschen diese Konstellation, doch die wenigsten würden für ihren neu erlangten Status ihre alten Freunde und Gewohnheiten aufgeben.

Spannungsaspekt (Halbquadrat)

Entspricht auch Spannungsaspekten zwischen den Herrschern von Haus fünf und sieben sowie zwischen den Herrschern von Haus zwei und fünf

Das exakte Halbquadrat zwischen Sonne und Venus (weniger als 2 Grad Orbis) kann auf eine Persönlichkeit hindeuten, die auf materiellen Wohlstand und persönliche Beziehungen nur wenig Wert legt. Manche Misanthropen weisen diese Konstellation auf. Persönliche Enttäuschungen können dazu führen, dass der Native sich bewusst aus dem sozialen Leben zurückzieht oder gar zum Eigenbrötler wird.

Erstaunlich viele Tierärzte weisen diesen Aspekt auf. Hier scheint die Tierliebe eine Art Ersatz für mangelnde mitmenschliche Beziehungsfähigkeit geworden zu sein.

Oft äußert sich diese Konstellation jedoch weitaus weniger dramatisch: Die Geborenen haben lediglich ein wenig »hölzerne«

Umgangsformen und bemühen sich, von der Unterstützung anderer so unabhängig wie möglich zu sein. Sie sind häufig ausgesprochen pragmatisch veranlagt, was sich zum Beispiel in besonderem handwerklichem Geschick äußern kann. Häufig ist die Neigung vorhanden, im Privatbereich auf überflüssigen Luxus verzichten zu können und sich auf die elementaren Dinge zu konzentrieren.

Sonne-Mars-Aspekte

Prinzip: energisches Handeln

Konjunktion

Entspricht auch der Sonne in Haus eins und Mars in Haus fünf

Diese Konstellation macht die Nativen in vielen Fällen zu wahren Energiebündeln, wobei es sich jedoch eher um Sprinter als um Dauerläufer handelt. Emotionale Bedürfnisse und Handlungsantrieb sind oft so intensiv, dass sie unmittelbar in die Tat umgesetzt werden müssen. Ein alltägliches Beispiel wäre zum Beispiel die Nahrungsaufnahme: Wenn sich Hunger einstellt, so ist dieser vielfach derart heftig, dass unverzüglich etwas gegessen werden muss, da sich sonst Schwächezustände und andere ähnliche unangenehme Empfindungen einstellen. Viele Sonne-Mars-Geborene sind daher auch sogenannte Schlinger, die ihre Mahlzeit oft schneller vertilgen, als die Menschen in ihrer Umgebung zuschauen können.

Ähnlich verhält es sich mit allen anderen instinktiven und emotionalen Bedürfnissen: Wenn die Nativen etwas wollen, dann aber bitte auch sofort und auf der Stelle. So ist denn Geduld ihre starke Seite nicht, und wenn sie etwas später als gewünscht bekommen, ist es oft auch schon fast wertlos für sie.

Die größte Schwäche dieser Konstellation ist das Ausgeliefertsein an subjektive Bedürfnisse, die nur schwer diszipliniert oder unterdrückt werden können.

Ihre größte Stärke liegt in der Fähigkeit zu einem außerordentlich starken Engagement, wenn es darum geht, kurzfristig alle verfügbaren Energien freizusetzen. Wenn das Ziel vor Augen und unmittelbar erreichbar ist, können auch noch die letzten Kräfte mobilisiert werden. So sind beispielsweise viele in der Lage, extrem lange hinter dem Steuer zu sitzen, wenn sie eine weite Autostrecke fahren müssen, um nach Hause oder zu ihrem Partner zu kommen.

Der Autor weiß von einem Bekannten, der in einer solchen Situation in einem Stück von Marokko in 72 Stunden nach Deutschland fuhr! Neben dem hohen Risiko von gefährlichem Fehlverhalten in derartigen Situationen totaler Verausgabung stellen sich in der Folge notwendigerweise extreme Erschöpfungszustände ein, die oft mit aggressiver, depressiver oder cholerischer Überreizung gepaart sind. In solchen Phasen gehen Freunde und Partner den Nativen am besten aus dem Weg und warten ab, bis sie sich wieder erholt haben. Sonne-Mars-Konstellationen sind immer ein Hinweis auf eine spontane Begeisterungsfähigkeit, die gelegentlich auch ein wenig überschäumend sein kann und entsprechende Ernüchterungen nach sich zieht.

Für keinen Aspekt gilt das Sprichwort »Schmiede das Eisen, solange es heiß ist« mit einer solchen Konsequenz wie für die Sonne-Mars-Konjunktion. Wenn der Impuls verspürt wird, etwas persönlich Wichtiges zu tun, so sollten sie diesem unmittelbar nachgeben. Schon wenige Stunden oder Tage später mag die ursprünglich vorhandene Energie verpufft sein, und eine möglicherweise einmalige Chance ist vertan.

Spannungsaspekte (Opposition und Quadrat)

Entsprechen auch Spannungsaspekten zwischen den Herrschern von Haus fünf und Haus eins

Insbesondere bei Männern ist hier die unerreichte Fähigkeit, sich selbst im Wege zu stehen, ein herausragender Wesenszug. In psychologischer Hinsicht scheint in vielen Fällen eine problematische, angespannte Beziehung zum Vater eine Rolle zu spielen. Oft war dieser cholerisch und stellte sich der Persönlichkeitsentwicklung seines Kindes in den Weg, oder er war im Gegenteil eher ein »Pantoffelheld«, der sich der dominanten Mutter gegenüber nicht durchsetzen konnte – auch dann nicht, wenn dies im Interesse seines Kindes einmal notwendig gewesen wäre. In beiden Entsprechungen ist der Vater ein Negativvorbild, das aktiv oder passiv die Entwicklung seines Kindes blockiert.

Die Schwierigkeiten von Spannungsaspekten zwischen Sonne und Mars scheinen darin zu liegen, dass die Nativen ihre eigenen Bedürfnisse in vielen Bereichen selbst nicht richtig kennen. Selbst wenn das nicht der Fall ist, werden sie in ihrem Verhalten oft ungeeignete Schritte ergreifen, um ihre Ziele zu erreichen. So werden sie vielleicht an Stellen, wo forsches Vorgehen hilfreich wäre, übervorsichtig agieren, um dann in Situationen, in denen Zurückhaltung angebracht scheint, allzu sehr vorzupreschen.

Die Fremdheit der eigenen Motivation gegenüber lässt paradoxerweise viele Native ihrer Umwelt gegenüber ausgesprochen ausgeglichen und friedfertig erscheinen, während sie in Wahrheit unter einer latenten, aber andauernden Anspannung stehen. Körperlich zeigt sich dies in den häufig vorhandenen autoallergischen Hauterkrankungen sowie einer manchmal gesteigerten Verletzungsneigung bei körperlichen Arbeiten. Hier kommt es häufiger zu Schnittwunden.

Im Privatbereich kann sich dieser seelische Stress in unkontrollierten Wutausbrüchen zeigen. Schlimmstenfalls werden die Partnerin oder die eigenen Kinder in einem Tobsuchtsanfall geschlagen.

Naturgemäß ist diese Tendenz bei Männern häufiger und bedrohlicher als bei Frauen. Frauen scheinen hier auch eher die Erleidensform zu wählen, indem der Partner als Projektionsfläche für die eigene innere Widersprüchlichkeit herhalten muss. Im Extremfall wird dieser so lange provoziert, bis er die Selbstbeherrschung verliert und sich damit selbst ins Unrecht setzt. Ein derartiges Verhalten mag in psychologischer Hinsicht verständlich sein und eventuell auch helfen, seelische Spannungen abzubauen – konstruktiv und partnerschaftsförderlich ist es sicherlich nicht.

wie sehr das aus dem Raster des Konventionellen fallende gesellschaftliche Rollenverhalten den Nativen gleichzeitig Anerkennung, Souveränität und Unangreifbarkeit sichert.

Doch hat diese schützende Exklusivität natürlich auch ihre Schattenseiten: Nur zu leicht bauen sich die Betroffenen auf diese Weise einen Elfenbeinturm, der sie zwar vor der Brandung des Alltäglichen schützt, aber eben auch isoliert. Anerkennung und Bewunderung, die sich die Nativen mithilfe ihrer Unkonventionalität erwerben, können auf Dauer nicht wirklich zufriedenstellen: Da kaum einer die Kompetenz besitzt, das eigene Tun kritisieren zu können, ist auch niemand in der Lage, die persönliche Leistung wertzuschätzen. So werden sie sich an schlechten Tagen ein wenig wie ein Scharlatan vorkommen, der mit billigen Taschenspielertricks sein Publikum blendet. Als schaler Trost mag das Herabblicken auf die Dummheit der Menschen dienen. Doch Arroganz und Überheblichkeit sind ein schlechter Ersatz für echtes Mitgefühl. Dabei ist es das, wonach Menschen mit Spannungsaspekten zwischen Sonne und Uranus sich in Wahrheit am meisten sehnen, dass andere – oder wenigstens ein einziger anderer – fähig und willens sind, mit ihnen zu fühlen. Deshalb werden auch in der Projektion so gerne Helferrollen übernommen. Wenn andere die Möglichkeit erhalten, sich verstanden fühlen zu dürfen, wird emotionale Nähe erreicht, ohne die eigene Souveränität aufzugeben.

In Wahrheit ist die eigene Empfindsamkeit so ausgeprägt und die seelische Verwundbarkeit im Laufe der Jahre so stark angewachsen, dass die Nativen selbst emotionalen Beistand gut gebrauchen könnten.

Der Spagat zwischen souveräner Autorität und emotionaler Isolation wird so lange gelebt, bis ein Zusammenbruch der Fassade unausweichlich wird. Tatsächlich kommt es im Alter von etwa 21, 42 und 63 Jahren zu existenziellen seelischen Krisen, die einen zwingen, seelischen Beistand zu wollen und auch annehmen zu können. In seltenen Extremfällen kommt es hier zu echten Nervenzusammenbrüchen bis hin zu Einweisungen in psychosomatische Kliniken. In aller Regel verlaufen diese Heilkrisen wesentlich

Lernaufgabe und Herausforderung von Spannungsaspekten zwischen Sonne und Mars scheint die Integration der eigenen instinktiven und auch aggressiven Bedürfnisse in die Gesamtpersönlichkeit zu sein. Es gilt zu lernen, was wir wirklich wollen und was nicht. Die abgespaltene Aggression muss als Selbstschutz erkannt und wieder in die eigene Persönlichkeit »eingebaut« werden. Kampfsportarten und psychologische Abgrenzungsmöglichkeiten mögen auf diesem Weg hilfreich sein. Die entwickelte Persönlichkeit hat dann schließlich gelernt, für sämtliche Wesenszüge auch die Verantwortung zu übernehmen – die edlen wie die weniger edlen. Erst dann ist es möglich zu wissen, was wir wollen und brauchen, wann wir kämpfen und wann wir zurückstecken sollten.

Harmonische Aspekte (Trigon und Sextil)

Entsprechen auch harmonischen Aspekten zwischen den Herrschern von Haus fünf und Haus eins

Falls keine anderen kritischen Aspekte auf die Sonne dem entgegenstehen, haben die Nativen ein bewundernswert ausgeglichenes Naturell: Weder überanstrengen sie sich, noch lassen sie sich gehen. In der Regel verfügen sie über ein gutes Immunsystem und auch ansonsten über eine überdurchschnittliche Gesundheit. Sie wissen, was sie wollen, und kümmern sich angemessen darum, dass sie es auch bekommen. Für die Selbstzweifel anderer, das permanente Aufschieben guter Vorsätze und Ähnliches haben sie nur begrenztes Verständnis – derartige Verhaltensweisen sind ihnen einfach fremd.

Oft besteht ein erhöhtes Bedürfnis nach körperlicher Aktivität, dem auch instinktiv und angemessen Rechnung getragen wird. Diesen Menschen muss niemand sagen, was gut für sie ist oder was sie für ihre Gesundheit benötigen.

Oft haben die Nativen ein gutes Verhältnis zu ihrem Vater und wurden in ihren Fähigkeiten und Neigungen gefördert. So konnte sich ein gesundes Selbstbewusstsein und eine realistische Selbsteinschätzung entwickeln.

Obwohl sie auch wirkungsvoll mit anderen zusammenarbeiten können, fühlen sie sich in der Regel als Einzelkämpfer am wohlsten. Hier haben sie die beste Kontrolle über ihre Leistungseffektivität. Entwickelte Persönlichkeiten mit dieser Konstellation konkurrieren mit sich selbst, indem sie versuchen, sich beständig zu verbessern. Sie können ihre Fortschritte sehr genießen und daraus auch entsprechend Selbstwertgefühl beziehen.

Sonne-Jupiter-Aspekte

Prinzip: expansives Handeln

Konjunktion

Entspricht auch der Sonne in Haus neun und Jupiter in Haus fünf

Menschen mit einer Sonne-Jupiter-Konjunktion im Horoskop sind in der Umsetzung ihrer Wünsche und persönlichen Pläne außergewöhnlich schnell und effektiv. Was sie tun, beginnen sie mit all ihrer Energie, doch leider fehlt es ihnen oft an Geduld und Ausdauer. So wird manches, das nicht gleich beim ersten Anlauf klappt, wieder fallen gelassen. Die mangelnde Konsequenz im Verhalten lässt sie vielleicht ein wenig oberflächlich und leichtlebig erscheinen, dafür gleichen sie das, was ihnen an Beständigkeit und Zuverlässigkeit fehlt, durch Großzügigkeit wieder aus.

Oft versprechen Sonne-Jupiter-Geborene mehr, als sie halten können. Auch wenn das für manche ihrer Freunde und Bekannten verständlicherweise verletzend sein kann, so ist die Ursache doch keineswegs Leichtfertigkeit oder Rücksichtslosigkeit. Vielmehr äußern die Nativen einfach mehr gute Absichten, als sie in der Praxis dann auch verwirklichen können. Da sie jedoch alles, was sie haben und erhalten, großherzig mit anderen teilen, sieht ihr Bekanntenkreis ihnen diese Schwäche gerne nach.

Ihr außergewöhnliches Selbstbewusstsein ist auch auf die familiäre Situation in der Kindheit zurückzuführen. Oft war der Vater spendabel und tolerant und seinem Kind gegenüber besonders verständnisvoll. Jede Leistung des Kindes wurde gelobt. Die kindliche Spontaneität wurde als Ausdruck von Persönlichkeit und Kreativität gefördert.

Diese positive Einstellung geben sie an ihre Umgebung weiter. Auch in ihrer Weltanschauung sind sie zukunftsorientierte Optimisten. Sie haben eine erstaunliche Weitsicht, die ihnen die Fähigkeit gibt, zukünftige Entwicklungen vorausahnen zu können. Von dieser Begabung profitieren sie in beruflicher und privater Hinsicht.

Spannungsaspekte (Opposition und Quadrat)

Entsprechen auch Spannungsaspekten zwischen den Herrschern von Haus fünf und Haus neun

Menschen mit dieser Konstellation verfügen über kühne Ideen und große Visionen. Sie wollen im Leben etwas erreichen, privat wie beruflich. Da sie meist über besondere Fähigkeiten verfügen und sich auf die Unterstützung ihrer Umgebung verlassen können, steht ihrem Erfolg kaum etwas im Wege. In der Praxis haben sie allerdings die Schwierigkeit, die Verhältnismäßigkeit der Mittel richtig einzuschätzen. Die Dimension angepeilter Ziele und der für ihre Verwirklichung notwendige Einsatz können oft nur schwer angemessen beurteilt werden. Eine Ursache dafür ist die häufige Ungeduld und die mangelnde Vorliebe für Details. So wird in manche Projekte viel zu viel Geld, Energie und Zeit investiert. Da hier keinerlei Gewinn mehr möglich ist oder gar Verluste erwirtschaftet werden, verhalten sich die Betroffenen bei der nächsten Gelegenheit möglicherweise übervorsichtig und vergeben erneut ihre Chancen.

Die Zusammenarbeit mit jemandem, der eher konservativ plant, kann hier, wenn der Partner wirklich ernst genommen wird, sehr wohltuend sein. Sie vermag die ein wenig überschießenden Reaktionen der Sonne-Jupiter-Geborenen auszugleichen und ihnen so zu helfen, ihre Talente zur Entfaltung zu bringen. Das, was den Nativen nicht allein gelingt, können sie als Team erreichen.

Auch wenn häufig eine instinktive Ablehnung gegen die Zusammenarbeit mit anderen besteht, so ist diese in der Praxis doch fast immer ein erheblicher Gewinn. Hier muss lediglich die Neigung zu selbstherrlichen Entscheidungen überwunden und die Bereitschaft, Erfolge auch zu teilen, entwickelt werden.

Die größte Falle dieser Konstellation liegt in der Gefahr der Überheblichkeit. Viele spüren, dass sie sich aus der Masse herausheben und Außergewöhnliches vollbringen können. Gerade weil sie im Alltag Schwierigkeiten haben, diesen Anspruch auch umzusetzen, kann es zu arroganten Ausfällen kommen – im Irrglauben, damit sein Gesicht zu wahren. Entwickelte Persönlichkeiten haben allerdings längst verstanden, dass Überheblichkeit immer ein Zeichen für Schwäche und Dummheit ist.

So gilt es hier zu lernen, dass Fähigkeiten erst dann etwas wert sind, wenn es auch gelingt, sie angemessen zu nutzen. Die eigenen Möglichkeiten zu verwirklichen ist natürlich erheblich schwieriger und anstrengender, als sich auf seinen Begabungen einfach auszuruhen.

Wenn diese Lektion verstanden und die Fähigkeit zur Teamarbeit entwickelt wird, sind außergewöhnliche Erfolge im praktischen Leben möglich und wahrscheinlich. Im Unterschied zu manchen anderen Konstellationen sind hier genügend Ehrgeiz und Motivation vorhanden.

Harmonische Aspekte (Trigon und Sextil)

Entsprechen auch harmonischen Aspekten zwischen den Herrschern von Haus fünf und Haus neun

Insbesondere das Trigon zwischen Sonne und Jupiter gilt in der klassischen Astrologie als »Königskonstellation« und ist damit der positivste Aspekt überhaupt Auch wenn wertende Aussagen über Aspekte in der modernen Astrologie nicht mehr sinnvoll erscheinen, so lässt sich doch in der Tat kaum etwas Negatives über diese Konstellation sagen.

Meist werden die Menschen mit dieser Horoskopkonstellation in eine Umwelt und Lebenssituation hineingeboren, die ihnen nur wenige Hindernisse in den Weg legt. Die in der Kindheit üblichen Erniedrigungen und Einschränkungen, zum Beispiel durch Konkurrenz zu Geschwistern, Auseinandersetzungen mit Klassenkameraden oder auch schwere Kinderkrankheiten, blieben ihnen weitgehend erspart. Von den Eltern erhielten sie meist außergewöhnlich viel Zuwendung und Förderung ihrer Neigungen und Fähigkeiten. Alle Lebensumstände trugen zu einer optimalen Entfaltung ihres Wesens bei. Oft wuchsen sie unter Bedingungen auf, in denen sie wie selbstverständlich bevorzugt wurden, sodass dies ihnen noch nicht einmal als Privileg, sondern wie eine Selbstverständlichkeit vorkam.

Auf diese Weise haben sie frühzeitig gelernt, hochgesteckte Erwartungen an das Leben zu stellen. Da sie sich durch ihre persönliche Entwicklung eine gewisse Vornehmheit erworben haben, sind ihre Mitmenschen meist bereit, sich für die Erfüllung ihrer Wünsche besonders zu engagieren. Wie selbstverständlich wird ihnen fast überall ein Sonderstatus zugebilligt, weshalb sie höchst verwundert reagieren, wenn dies einmal nicht der Fall ist.

Oft müssen die Nativen daher im Erwachsenenalter die Erkenntnis nachholen, dass sich die Menschen in ihrer Umwelt nicht immer verpflichtet fühlen, ihre Erwartungen zu erfüllen. Auch wenn sie es leichter haben als viele und sich ihnen ohne Schwierigkeiten Türen öffnen, die anderen verschlossen bleiben, so geht dies doch nicht immer ohne jeglichen persönlichen Einsatz. Je stärker weitere Konstellationen die Bereitschaft fördern, sich für den persönlichen Erfolg zu engagieren, um so positiver kommt die Sonne-Jupiter-Verbindung zum Tragen. Fast alles, was wirklich motiviert und konzentriert begonnen wird, kann durch diese Konstellation zu einem guten Ende gebracht werden. Entscheidend ist hier, in welchem Umfang sie bereit sind, harte Arbeit in Kauf zu nehmen.

Auch der zweifellos in einigen Fällen vorhandene Hang zum

Lebemenschen-Dasein kann angenehm und erfolgreich ausgelebt werden, wenn die Bereitschaft vorhanden ist, sich für seine Bequemlichkeit ein wenig anzustrengen.

Horoskopeigner mit dieser Konstellation lassen ihrer persönlichen Umgebung einen großen persönlichen Freiraum und sind meist auffallend tolerant. Allerdings benötigen sie auch für sich selbst sehr viel Bewegungsfreiheit. Daher haben sie große Probleme damit, irgendwelche Beschränkungen zu akzeptieren. Selbst solche für andere Menschen selbstverständlichen Dinge wie zum Beispiel pünktliches Erscheinen am Arbeitsplatz kann von ihnen unter Umständen als unerträgliche Einschränkung empfunden werden. Sie kommen mit jeder Form der Reglementierung und Einengung nur sehr schwer zurecht, obwohl ihnen in der Regel mit ungewöhnlicher Nachsicht begegnet wird.

Da viele Sonne-Jupiter-Geborene einen Hang zur Trägheit haben, sollten sie ein wenig Druck im beruflichen und privaten Bereich als anregend akzeptieren.

Sonne-Saturn-Aspekte

Prinzip: strukturiertes Handeln

Konjunktion

Entspricht auch der Sonne in Haus zehn und Saturn in Haus fünf

Menschen mit einer Sonne-Saturn-Konjunktion im Horoskop mögen in der Umsetzung ihrer Arbeitsaufgaben und persönlichen Pläne vielleicht nicht immer die Allerschnellsten sein – aber was sie beginnen, führen sie auch zu Ende. Die Konsequenz im Verhalten lässt sie manchmal ein wenig stur oder inflexibel erscheinen, dafür können sich Freunde, Bekannte und Geschäftspartner in aller Regel auf sie verlassen und sie sind zuverlässig. Einmal gemachte Versprechen vergessen Sonne-Saturn-Menschen fast nie, selbst wenn sie diese aus irgendwelchen Gründen nicht halten können. Wenn sich jemand ein Buch ausgeliehen hat mit dem Versprechen, es in wenigen Tagen zurückzugeben, und dies unterlässt, sich aber zwanzig Jahre später noch an den Vorfall erinnert und entsprechende Schuldgefühle hat, dann wird es sich mit an Sicherheit grenzender Wahrscheinlichkeit um einen Menschen mit einer Sonne-Saturn-Dominanz im Horoskop handeln.

Das außergewöhnliche Verantwortungsbewusstsein ist häufig auch auf die familiäre Situation in der Kindheit zurückzuführen. Oft war der Vater besonders streng und seinem Kind gegenüber distanziert. Anerkennung gab es meistens nur, wenn entsprechende Leistungen erbracht wurden. Die kindliche Spontaneität musste da häufig zugunsten einer früh entwickelten Selbstdisziplin zurücktreten.

Sonne-Saturn-Konstellationen weisen die Eigentümlichkeit auf, dass sich ihre schwierigen oder als unangenehm empfundenen Aspekte mit wachsendem Alter mehr und mehr als Stärke erweisen. So können sie zum Beispiel in der Kindheit unter mangelnder Akzeptanz Gleichaltriger gelitten und sich so einsam und zurückgesetzt gefühlt haben. In der zweiten Lebenshälfte werden die Nativen jedoch sehr von der Fähigkeit profitieren, sich mit sich selbst beschäftigen zu können und nicht permanent auf die Gesellschaft anderer angewiesen zu sein. Manche werden mit zunehmendem Alter immer mehr zu zufriedenen Einzelgängern, die es genießen, ihren persönlichen Interessen nachzugehen, ohne auf die Bedürfnisse ihrer Umgebung eingehen zu müssen.

Spannungsaspekte (Opposition und Quadrat)

Entsprechen auch Spannungsaspekten zwischen den Herrschern von Haus fünf und Haus zehn

Die Herausforderungen und Schwierigkeiten von Sonne-Saturn-Spannungsaspekten liegen in der Unterschiedlichkeit zwischen persönlichen Interessen und gesellschaftlichen Anforderungen. Durch die Erziehung der Eltern und auch durch das soziale Umfeld fühlten sie sich möglicherweise schon frühzeitig in eine Rolle gedrängt, die den eigenen Bedürfnissen zuwiderläuft. Schlimmstenfalls kann hier eine Verbitterung entstehen, welche die Sonne-Saturn-Geborenen für ihre Umgebung zu hartherzigen, unnachgiebigen und gefühllosen Menschen werden lassen kann. Dass die wahre Ursache dieses Verhaltens meist in einem entbehrungsreichen Leben zu suchen ist, in dem die eigenen Interessen zu sehr verleugnet werden mussten, sehen die wenigsten. So kann es in wachsendem Maße zur Isolation von der Außenwelt kommen.

Kaum eine Konstellation weist für sich allein betrachtet ein solches Maß an Leidensfähigkeit auf wie Spannungsaspekte zwischen Sonne und Saturn. Wenn dies auch oft den Nachteil hat, dass gerade aufgrund der größeren Leidensfähigkeit zu lange in bedrückenden Lebenssituationen verweilt wird, so ist dieser Aspekt in Krisen- und Notzeiten eine außergewöhnliche Fähigkeit und Stärke. Mit wenigem auszukommen, sich einzuschränken, wenn es notwendig ist, die kleinen Vorräte so einzuteilen, dass es für alle reicht, kann niemand besser als der Sonne-Saturn-Menschen. In solchen Situationen wachsen sie regelrecht über sich hinaus und übernehmen Führungspositionen in einer desorganisierten Umwelt.

Spannungsaspekte zwischen Sonne und Saturn bergen allerdings die Gefahr in sich, dass nur noch die negativen Seiten des Lebens gesehen werden und die eigene Genussfähigkeit verloren geht.

Chance und Herausforderung dieser Konstellation liegen in der Fähigkeit, die eigenen Grenzen zu überwinden, was ja durchaus anregend und persönlich befriedigend sein kann. Eine Möglichkeit mag in sportlichem Engagement liegen, wobei hier besonders die Ausdauersportarten geeignet erscheinen. Eine weitere Möglichkeit liegt einfach in der Veränderung der inneren Einstellung in Bezug auf persönliche Leistungen: Je mehr gelernt wird, Lebensfreude, innere Gelassenheit und sinnliche Genussfähigkeit als erstrebenswerte Ziele zu sehen, umso mehr wird auch darauf hingearbeitet – und dies mit größtem Vergnügen. Menschen, die diese Lektion verstanden haben, sind in ganz besonderem Maße fähig, die Schwächen anderer zu tolerieren und ihnen bei ihrer Überwindung zu helfen.

Harmonische Aspekte (Trigon und Sextil)

Entsprechen auch harmonischen Aspekten zwischen den Herrschern von Haus fünf und Haus zehn

Menschen mit dieser Konstellation wuchsen meist in Lebensverhältnissen auf, die sich durch eine beruhigende Ordnung auszeichneten. Diese muss nicht notwendigerweise offensichtlich gewesen sein, oft ist hier der erzieherische Einfluss des Vaters oder einer anderen männlichen Bezugsperson maßgeblich: Deren Charakterfestigkeit und wohlstrukturierte Lebenseinstellung konnten oft selbst in Zeiten äußerer Unruhe oder materieller Instabilität ein Gefühl von Sicherheit und formaler Geborgenheit vermitteln.

Harmonische Aspekte zwischen Sonne und Saturn weisen oft auf sogenannte Spätentwickler hin. Obwohl die Nativen oft schon frühzeitig erwachsen wirken, kommt ihr gesamtes Persönlichkeitspotenzial erst in der zweiten Lebenshälfte zum Tragen.

Beharrlichkeit in Verbindung mit einer langsamen, aber dafür umso gefestigteren Persönlichkeitsentwicklung machen die Nativen zu »Late-Bloomers«, zu Menschen also, die die Blüte ihres Lebens erst zu einem relativ späten Zeitpunkt erreichen. Oft ist eine natürliche Autorität vorhanden, indem das eigene ungekünstelt kompetente Verhalten den Respekt und die Anerkennung des sozialen Umfelds einbringt. Nützlich ist hier ihre Begabung, gesellschaftliche Spielregeln – zum Beispiel im bürokratischen, politischen und juristischen Bereich – zu erfassen und zu nutzen. Dies ermöglicht ihnen, ihre besonderen Fähigkeiten in diesem Bereich für sich und ihre Umgebung nutzbar zu machen.

Insbesondere bei Sachthemen erweisen sich die Nativen als faire, aber ausdauernde und harte Verhandlungspartner, die nicht lockerlassen, bis sie alle Möglichkeiten für sich ausgeschöpft haben. Dabei kommen ihnen ihre zwei Hauptstärken zugute: emotionale

Gelassenheit und Geduld. Menschen mit harmonischen Sonne-Saturn-Aspekten können warten, bis ihre Stunde gekommen ist. Dies macht sie sowohl im politischen als auch im Geschäftsleben oft erfolgreich.

Allerdings können auch Geduld und Ausdauer übertrieben werden: Wer allzu konsequent sehr weit gesteckte Ziele verfolgt, mag in unserer schnelllebigen Zeit übersehen, dass das angestrebte Ziel mittlerweile vielleicht gar nicht mehr vorhanden oder erstrebenswert ist.

Horoskopbeispiel Sonne-Saturn-Quadrat

Die Klientin hatte bis zu ihrer Heirat im elterlichen Malerfachgeschäft mitgearbeitet und dafür auf eine Berufsausbildung verzichtet. Auf Wunsch ihrer Eltern und weil ein Kind unterwegs war, heiratete sie einen Malermeister, der sich mit dem elterlichen Betrieb zusammentat.

Aus der Ehe gingen drei Kinder hervor, die sie weitgehend allein aufzog, da ihr Mann seine Freizeit am Stammtisch und auf dem Fußballplatz verbrachte. Die ganze Zeit arbeitete sie zusätzlich im Geschäft mit und machte an den Wochenenden die Buchführung.

Obwohl sie mit ihrer Ehe und den damit verbundenen Lebensumständen niemals glücklich war, blieb sie der Kinder wegen und aufgrund ihrer ausgeprägt religiösen Einstellung bei ihrem Mann. Erst als alle drei Kinder volljährig waren und nachdem sie erfahren hatte, dass ihr Mann bereits seit Jahren eine Freundin hatte, reichte sie die Scheidung ein.

Im Alter von 45 Jahren verließ sie das Dorf, in dem sie ihr gesamtes bisheriges Leben verbracht hatte, und zog in eine größere Stadt. Sie bildete sich selbst zur Schneiderin aus – der Beruf, den sie eigentlich schon immer hatte ergreifen wollen – und spezialisierte sich auf modische Kostüme für Damen mit Sondergrößen. Innerhalb von zwei Jahren wurde sie darin so erfolgreich, dass sie Angestellte brauchte und ihr Geschäft erweiterte.

Obwohl sie nach wie vor sehr religiös ist, lebt sie inzwischen unverheiratet und glücklich mit einem neuen Partner zusammen.

In ihrer knapp bemessenen Freizeit widmet sie sich ehrenamtlich der Altenpflege, was sie als eine wesentliche Bereicherung ihres Lebens ansieht.

Im Beratungsgespräch bedauerte sie, dass sie sich nicht schon viel früher aus der Versklavung (wie sie es selbst ausdrückte) durch ihre Eltern und ihren Mann befreit hatte.

Sonne-Uranus-Aspekte

Prinzip: exzentrisches Handeln

Konjunktion

Entspricht auch der Sonne in Haus elf und Uranus in Haus fünf

Menschen mit einer Sonne-Uranus-Konjunktion im Horoskop sind in der Umsetzung ihrer Arbeitsaufgaben und persönlichen Pläne spontan. Manche würden sie gar als sprunghaft und unbeständig bezeichnen. Ihre mangelnde Konsequenz im Verhalten lässt sie vielleicht ein wenig chaotisch erscheinen, dafür sind sie begeisterungsfähig und nur selten nachtragend. Gegebene Versprechen vergessen Sonne-Uranus-Mensch entgegen allen guten Vorsätzen recht oft. Hier sollten wir den guten Willen für die Tat nehmen, denn Gutwilligkeit kann ihnen in diesem Punkt durchaus unterstellt werden, aber langfristige Planung und ihre Umsetzung ist eben ihre Sache nicht.

Da sie selbst Wortbrüchigkeit nicht mögen, gewöhnen sie sich oft schon in jungen Jahren an, feste Zusagen, wann immer es geht, zu vermeiden. Denn Versprechen, die nicht gegeben werden, können auch nicht gebrochen werden.

Wer eine Sonne-Uranus-Konjunktion im Horoskop hat, wird sich mit allem Durchschnittlichen und Mäßigen schwertun. »Entweder richtig oder gar nicht« scheint ihre Devise zu sein. Ihr Verhalten mag auf manche schon fast manisch-depressiv wirken; wenn sie sich für etwas begeistern, dann ist die Begeisterung im wahrsten Sinne des Wortes grenzenlos. Doch dieser Überschwang kann blitzschnell in heftigste Ernüchterung umkippen, genügt doch schon eine Kleinigkeit, um Enthusiasmus in Enttäuschung zu verwandeln. Da ihr Herz allzu schnell Feuer fängt, sind sie von Euphorie gepackt, bevor sie den tatsächlichen Sachverhalt auch nur näherungsweise überschauen können. So kommt es denn auch nur selten vor, dass die Begeisterung für irgendetwas nicht in kürzester Zeit in ihr Gegenteil umkippt. Für echte Sonne-Uranus-Menschen ist dies die natürlichste und selbstverständlichste Form, mit ihren Gefühlen umzugehen. Ihre Umgebung wird jedoch erst einmal irritiert reagieren und sich fragen, was die Nativen denn nun wirklich wollen und was nicht.

Die außergewöhnliche Exzentrizität im Verhalten kann häufig auch auf die familiäre Situation in der Kindheit zurückgeführt werden. Der Erziehungsstil der Eltern mag für das Kind undurchschaubar gewesen sein, zum Beispiel weil die pädagogischen Vorstellungen des Vaters sich nicht mit denen der Mutter in Einklang bringen ließen und vice versa. Gerade der Versuch, wenigstens vordergründig ein gemeinsames Konzept zu vertreten, stiftete Verwirrung, wenn beispielsweise die Mutter entgegen ihrer Überzeugung dem Kind etwa einen Partybesuch erlaubte, weil sie damit meinte, den Vorstellungen des Vaters zu entsprechen, während der aus dem gleichen Grund den Partybesuch verbot. Der wechselhafte Erziehungsstil kann auch aus anderen Gründen zustande gekommen sein, etwa durch pädagogische Experimente, wenn die Eltern zum Beispiel von konservativen Vorstellungen plötzlich zu antiautoritären Einstellungen wechseln u. Ä. Die psychologische Wirkung auf das Kind ist jedoch immer ähnlich: Es empfindet die Reaktionen seiner Eltern als unberechenbar. Das Überschreiten eines Verbotes mag in einem Fall eine strenge Strafe nach sich ziehen, während in einer anderen Situation das gleiche Verhalten ungeahndet bleibt oder gar noch positiv bewertet wird. Der Native weiß deshalb meist erst im Nachhinein, ob er sich falsch oder richtig verhalten hat. Dies macht es schwierig, sich die Zuwendung und emotionale Nestwärme der Eltern zu »verdienen«.

Hieraus ergeben sich zwei Lernerfahrungen: Zum einen lernt das Kind aus einem solchen Verhalten der Eltern, dass es wenig Sinn macht, sich um ihre Liebe zu bemühen, da ihr Lob und ihre Anerkennung nicht erarbeitet werden können. Zuwendung wird als etwas Schicksalhaftes erlebt, der Native empfindet den »Locus of control« als außerhalb der eigenen Person und Möglichkeiten liegend.

Das Kind lernt darüber hinaus, sich im eigenen Verhalten unangreifbar zu machen, indem es sich bemüht, den Eltern und anderen Erwachsenen möglichst wenig eindeutige Informationen über das eigene Tun zu geben. Selbst Meinungen und Wünsche werden unbestimmt und doppeldeutig formuliert, um nicht »festgenagelt« und damit bewertet und verurteilt werden zu können. Die Fähigkeit zu unangreifbaren Formulierungen wird mit wachsendem Alter zunehmend perfektioniert.

Als Konsequenz ergibt sich eine gewisse emotionale Distanz den Eltern gegenüber, die sich in der weiteren Entwicklung auch auf Freunde und Partner überträgt. Dieser Schutz vor der Bewertung durch andere verschafft einem Verhaltensfreiräume, über die andere nicht verfügen, denn wenn der andere nicht weiß, was ich tue, kann er natürlich auch keinen Versuch unternehmen, mich von meinem Vorhaben abzubringen.

Der Preis ist jedoch eine gewisse Kälte und Fremdheit, auch in der Beziehung zu engsten Vertrauten – wer niemanden wirklich an sich heranlässt, muss natürlich auch auf die Geborgenheit emotionaler Nähe verzichten.

Sonne-Uranus-Konstellationen weisen die Eigentümlichkeit auf, dass dieser einem relative Freiheit und Unabhängigkeit sichernde Aspekt mit den Jahren in wachsendem Maße als eher schmerzhaft empfunden wird. So mag es in der Kindheit und Jugend vielleicht ein angenehmes Gefühl gewesen sein, anders als die anderen zu erscheinen und sich kaum Gruppenzwängen beugen zu müssen. Oft kommt es jedoch um das 42. Lebensjahr zu einer emotionalen Sinnkrise (einer Spielart der vielzitierten »Midlife-Crisis«), in der Einsamkeitsängste und das Gefühl, vom Leben abgeschnitten zu sein, aufbrechen.

Viele Sonne-Uranus-Geborene lernen in dieser Phase, sich anderen – oft einem neuen Partner – gegenüber zu öffnen, sich seelisch einzulassen und damit auch angreifbar zu machen. Eine solche Entwicklung wird immer wieder durch ein plötzliches Auf-Distanz-Gehen unterbrochen, wenn die Angst, durch die eigene Offenheit verletzt zu werden, wieder einmal allzu groß wird. Letztlich gelingt es jedoch in den meisten Fällen, aus einer alten Schwäche eine neue Stärke zu machen: Die wachsende Gewissheit, dass wir mit dem Zulassen von Nähe die Fähigkeit zur Distanzierung nicht verlieren, schafft das für intensive emotionale Nähe notwendige Selbstvertrauen.

Spannungsaspekte (Opposition und Quadrat)

Entsprechen auch Spannungsaspekten zwischen den Herrschern von Haus fünf und Haus elf

Die Herausforderung und Schwierigkeit von Sonne-Uranus-Spannungsaspekten liegt in der Gegensätzlichkeit zwischen der Privat- und der Gesellschaftspersönlichkeit.

Souveränität und Unangreifbarkeit sind die wichtigsten Schutzmechanismen, um sich der möglichen Kritik der als unberechenbar empfundenen Umwelt nicht aussetzen zu müssen.

Im Berufs- und Gesellschaftsleben wählen die Nativen nach Möglichkeit ein Rollenverhalten, das sich üblichen Bewertungskriterien entzieht. Dies kann unter anderem dadurch erreicht werden, dass sie sich auf Themen spezialisieren, von denen die meisten anderen wenig verstehen. So hat zum Beispiel ein indischer Arzt eine Praxis in München übernommen, in der er seine Patienten mit einer Kombination aus indischer Homöopathie und Akupunktur behandelt. Da er der einzige Experte auf diesem Spezialgebiet ist, können nicht einmal Berufskollegen die Qualität seiner Arbeit beurteilen. Mögliche Behandlungsfehler kann deshalb niemand erkennen, eine Kritik an seiner Arbeit ist somit kaum möglich.

Natürlich ist dies ein extremes Beispiel, aber es macht deutlich,

milder. Sobald der innere Widerspruch zwischen dem Bedürfnis nach Unangreifbarkeit und echter seelischer Nähe so stark geworden ist, dass er nicht mehr kaschiert werden kann, ist die Überwindung der chronischen inneren Anspannung möglich. Wer seine Verletzlichkeit eingesteht, kann alte Wunden heilen lassen. Der Zwang, nicht aus der Rolle fallen zu dürfen, ist gebrochen. Erst die Freiheit, unvollkommen sein und Fehler machen zu dürfen, ist wahre Souveränität.

Da Sonne-Uranus-Geborene oft unter Lebensbedingungen heranwachsen, die sich von denen ihrer Umgebung erheblich unterscheiden, fällt es ihnen häufig schwer, Verständnis für die Ansichten und sozialen Kriterien ihrer Umgebung aufzubringen. Dies trifft in der Kindheit auf Schulkameraden, im späteren Leben auf Studien- oder Arbeitskollegen zu. Wer dazugehören will und sich nicht mit einer elitären Außenseiterrolle zufriedengibt, muss auch die Spielregeln und Normen lernen, die für das soziale Umfeld gelten. Nur so können wir anderen gerecht werden und auf tolerante Akzeptanz hoffen.

Kaum eine Konstellation weist für sich allein betrachtet ein so geringes Maß an Leidensbereitschaft auf wie Spannungsaspekte zwischen Sonne und Uranus. Wenn dies auch oft den Vorteil hat, dass sie kürzer in bedrückenden Lebenssituationen verweilen als andere – eben weil die Geborenen sie nicht ertragen können –, so ist dieser Aspekt in Krisen- und Notzeiten von Nachteil: Mit wenigem auszukommen, sich einzuschränken, wenn es notwendig ist, fällt Sonne-Uranus-Menschen besonders schwer. Mangelsituationen führen schnell zu überzogenen Existenzängsten, nicht zuletzt deshalb, weil wir plötzlich auf die Unterstützung anderer angewiesen sind und damit die Position völliger Eigenständigkeit und Unabhängigkeit aufgeben müssen.

Gerade solche Erfahrungen sind für die persönliche Entwicklung jedoch besonders wertvoll: Sie zeigen uns, dass wir wesentlich größere Hindernisse überwinden können, als wir uns zugetraut hätten. Zudem fördern sie das Vertrauen in das persönliche Umfeld, das (hoffentlich) eben auch dann zu einem steht, wenn man einmal nicht der Überlegene und Unangreifbare ist. Solche Krisenerfahrungen sind eine wertvolle Hilfe, um die eigenen Grenzen zu akzeptieren und sich auch einmal mit den problematischen Seiten des Lebens auseinanderzusetzen.

Erst die Erfahrung von Mangel- und Grenzsituationen gibt einem die Möglichkeit, die eigenen Privilegien zu schätzen und letztlich zu akzeptieren, dass jeder Mensch ein Individuum und damit eine »Ausnahmeerscheinung« ist, die unseren Respekt verdient.

Harmonische Aspekte (Trigon und Sextil)

Entsprechen auch harmonischen Aspekten zwischen den Herrschern von Haus fünf und Haus elf

Menschen mit dieser Konstellation wuchsen meist in Lebensverhältnissen auf, die sich durch eine beruhigende familiäre oder gesellschaftliche Sonderstellung auszeichneten. Die Horoskopeigner können es sich erlauben, aus dem Rahmen zu fallen, ohne deswegen irgendwelche Nachteile in Kauf nehmen zu müssen. Dies kann zum Beispiel durch die berufliche Situation des Vaters gegeben sein, wenn dieser eine Position innehat, die ihm und seiner Familie Sonderrechte zubilligt. Vielleicht war der Native auch lediglich das Nesthäkchen der Familie, dem als Nachzügler mehr Verständnis entgegengebracht wurde als den übrigen Geschwistern.

Harmonische Aspekte zwischen Sonne und Uranus weisen oft auf sogenannte Frühentwickler hin. Obwohl die Nativen oft noch als Erwachsene gelegentlich ein wenig kindlich oder gar verspielt wirken, wissen sie doch schon in jungen Jahren, was sie wollen und wie sie es am schnellsten bekommen. Ausdauer und Geduld gehören nicht zu den von ihnen geschätzten und kultivierten Eigenschaften. »Was du tun willst, tue gleich« scheint ihr Motto zu sein. Wünsche und Pläne werden unmittelbar in die Tat umgesetzt, was auch notwendig ist, da sich die Interessen häufig ändern. So erwerben sie sich im positiven Falle ein umfangreiches Wissen zu einer Vielzahl von Themenkreisen, die einander ergänzen. Viele Sonne-

Uranus-Geborene verfügen so als Erwachsene über eine Vielzahl von Ausbildungs- und Lebenserfahrungen, die sie zu gefragten Experten machen.

Sonne-Neptun-Aspekte

Prinzip: undurchschaubares Verhalten

Konjunktion

(Entspricht auch der Sonne im zwölften Haus und Neptun im fünften Haus

Die Konjunktion von Sonne und Neptun bedeutet ein extrem sensibilisiertes Verhalten. Selbst die subtilsten Empfindungen finden in den Handlungen der Nativen ihren – allerdings verschlüsselten – Ausdruck. So gelingt es ihnen, gleichzeitig uneingeschränkt offen und dennoch verschlossen zu sein. Oft handelt es sich um Menschen mit besonderen künstlerischen, aber auch esoterischen Fähigkeiten. Da ihnen konkrete Auseinandersetzungen nicht liegen, besitzen sie die Fähigkeit, ihre Umgebung durch ihr eigenes Verhalten unmerklich in ihrem Sinne zu beeinflussen.

Meist verfügen sie über ein wenig stabiles Nervensystem, das unter ihrer übersensiblen Empfindungsfähigkeit leidet. Dies zeigt sich häufig in Form von Wetterfühligkeit, erhöhter Infektionsneigung oder Unverträglichkeit von Medikamenten. Menschen mit dieser Konstellation haben Schwierigkeiten, sich mit dem praktischen Alltag abzufinden. Mehr oder weniger deutlich sind sie beständig von dem Empfinden beseelt, dass dies doch noch nicht alles gewesen sein kann, dass es etwas Größeres und Bedeutenderes geben muss, das da draußen auf sie wartet, und sie nur hinausgehen müssten, um es zu entdecken.

Wenn die Sehnsucht nach Höherem so überhandnimmt, dass der gewöhnliche Alltag als unerträglich unbefriedigend und langweilig empfunden wird, kann dies fatale Folgen haben. Es entwickelt sich eine Antriebsschwäche und Motivationslosigkeit mit deutlich depressiven Zügen. In Extremfällen kann ein Missbrauch von Alkohol und anderen Genussmitteln hinzukommen.

Im Gegensatz zu einer verbreiteten astrologischen Meinung fällt es ihnen leicht, zu Geld zu kommen, wenn es ihnen gelingt, sich zu den dafür notwendigen Schritten aufzuraffen. Manche begehen den Fehler, jedes Engagement für ihre wirtschaftliche Absicherung als zu banal abzulehnen, bis sie tatsächlich einmal in ernstliche Schwierigkeiten geraten.

Die Konjunktion zwischen Sonne und Neptun ist ein Hinweis auf Persönlichkeiten, die unter dem Gefühl leiden, für ihre besonderen Fähigkeiten nicht genügend gesellschaftliche Anerkennung zu erhalten. Diese Schwäche kann überwunden werden, indem sie sich in ihrem sozialen Umfeld mehr engagieren. Hier werden sie schnell ein Publikum finden, das die Fähigkeiten der Nativen angemessen zu schätzen weiß. Über diesen Umweg kann die gesellschaftliche Aufmerksamkeit erreicht werden, die notwendig ist, um anerkannt zu werden.

Spannungsaspekte (Opposition und Quadrat)

Entspricht auch Spannungsaspekten zwischen den Herrschern von Haus fünf und Haus zwölf

Spannungsaspekte zwischen Sonne und Neptun weisen oft auf eine allzu große Sensibilität hin, die regelrecht lähmend wirken kann. Schon kleine Unregelmäßigkeiten in der Umwelt, wie zum Beispiel Lärm oder Wetterveränderungen, können auf die Nativen so irritierend wirken, dass sie kaum noch handlungsfähig sind.

Durch den Hang, sich in Belastungssituationen in eine innere Traumwelt zurückzuziehen, wird es nicht besser. Am Arbeitsplatz, im Freundes- oder Bekanntenkreis stoßen sie in wachsendem Maße auf Unverständnis. Wenn es nicht gelingt, dieser Tendenz gegenzusteuern, besteht die Gefahr, immer mehr ins Abseits gedrängt zu werden und unfreiwillig zu einem belächelten Sonderling zu werden.

Das entspricht jedoch ganz und gar nicht den Neigungen und Bedürfnissen der Sonne-Neptun-Geborenen, die insgeheim einen außergewöhnlichen Geltungsdrang haben und sich nach gesellschaftlicher Anerkennung sehnen. Nichts wäre hier falscher, als sich in die Gefühlswelt des unverstandenen Künstlers zu flüchten, der eben leiden muss, weil er seiner Zeit ach so weit voraus ist. Hier würde lediglich eine Notsituation schöngelogen und zum Beweis besonderer Begabung uminterpretiert.

Die starke Spannung zwischen Anspruch und Wirklichkeit hat einen deutlich lähmenden Effekt, der dazu führen kann, dass die Nativen im praktischen Leben immer weniger leistungsfähig werden, während sich ihre Traumvorstellungen ins Unermessliche steigern. Alkohol-, Medikamenten- oder Drogenprobleme sind hier als Endstation einer fatalen Entwicklung nicht ausgeschlossen.

Natürlich muss es nicht zu einer so unerfreulichen Entwicklung kommen. Gerade die Spannungsaspekte zwischen Sonne und Neptun bergen ein immenses kreatives Potenzial in sich, das nur richtig genutzt werden muss. Der erste Schritt besteht darin, die Gefahr von Lethargie und Handlungslähmung zu überwinden. Die Nativen sollten sich deshalb zuerst auf ihre physischen und instinktiven Bedürfnisse konzentrieren: Wie viel Schlaf benötigen sie, brauchen sie eher eine harte oder eine weiche Matratze, welche Art der Ernährung bekommt ihnen am besten, benötigen sie viel oder eher wenig Kontakt mit anderen Menschen, sind sie mit ihrem Sexualleben zufrieden oder würden sie sich hier eher Veränderungen wünschen? Dies ist die Art von Fragen, die sich die Nativen zuerst stellen sollten. Es ist erstaunlich, wie wenig die meisten Menschen mit dieser Konstellation über ihre persönlichen Bedürfnisse wissen; oft können sie keine der Fragen auf Anhieb beantworten. Es leuchtet sicherlich auch dem psychologischen Laien ohne Weiteres ein, dass jemand, der nicht einmal seine elementaren Grundbedürfnisse kennt, kaum die Kraft haben kann, ein befriedigendes Leben zu führen. Er weiß einfach nicht, was er auf der körperlichen Ebene tun muss, um sich wohl und gesund zu fühlen. Wenn die Nativen jedoch bereit sind, dieser Tatsache mehr Aufmerksamkeit zu schenken, können schnell ungeahnte Energien freigesetzt werden, die ihnen die Kraft geben, den einen oder anderen hochfliegenden Traum Wirklichkeit werden zu lassen.

Harmonische Aspekte (Trigon und Sextil)

Entspricht auch harmonischen Aspekten zwischen den Herrschern von Haus fünf und Haus zwölf

Menschen mit dieser Konstellation scheinen einen sechsten Sinn zu haben, der ihnen dazu verhilft, immer im richtigen Moment am richtigen Ort zu sein. Wer sich mit einem Trigon zwischen Sonne und Neptun auf seinen Instinkt verlässt, liegt fast immer richtig. Gelegentlich verlässt sich jedoch der eine oder andere zu sehr auf sein Glück und schreckt auch vor illegalen und unmoralischen Machenschaften nicht zurück. Hier wird nach anfänglichen Erfolgen ihre sonst so zuverlässige Intuition versagen und zu immensen materiellen Verlusten führen. Wird der Hang zum Halbseidenen trotzdem nicht aufgegeben, folgt der Verlust von Freunden und schließlich gar das Gefängnis. Zum Glück kommen diese extremen Entsprechungen nur selten vor. Die meisten Nativen lernen einfach ziemlich früh, dass ihre Umgebung eher dazu neigt, ihre Fähigkeiten und ihre Bedeutung zu überschätzen. Da sie nichts getan haben, um diesen Irrtum zu fördern, sehen sie auch keinen Grund, ihn zu korrigieren. So kommen sie in den Genuss mancher Vorteile. Ein Klient mit einem Trigon zwischen Sonne und Neptun sah zum Beispiel einem berühmten deutschen Schauspieler zum Verwechseln ähnlich. Wohin er auch kam, wurde er scheinbar »erkannt« und entsprechend bevorzugt behandelt. Er erhielt die besten Hotelzimmer, auch in einem vollbesetzten Restaurant wurde auf geheimnisvolle Weise ein Tisch für ihn frei usw. Nachdem er erkannt hatte, dass seine Versuche, den Irrtum zu korrigieren, nur dazu führten, dass die Leute ihn umso mehr als Schauspieler identifizierten, begann er sich mit seiner Doppelgängerrolle anzufreunden. Höhepunkt der Entwicklung war, dass er besagten Schauspieler, der auch noch in der gleichen Stadt wie er lebte, eines Tages kennenlernte. Die beiden verstanden sich auf Anhieb, und der berühmte Schauspieler engagierte ihn offiziell als Doppelgänger, der für ihn Einladungen besuchte, auf die er selbst keine Lust hatte. So verdiente mein Klient mit seiner Ähnlichkeit auch noch Geld.

Sicherlich ist ein solcher Fall die seltene Ausnahme. Dennoch entspricht er einem Prinzip, das für alle Menschen mit dieser Konstellation gilt. Eine andere Person mit einem Trigon zwischen Sonne und Neptun wurde aufgrund ihres vornehmen Auftretens immer für adelig gehalten, obwohl er ein einfacher Filialleiter eines Supermarktes war. Trotzdem wurde er überall bevorzugt und mit Respekt behandelt.

Eine Dame schließlich, die ebenfalls diesen Aspekt aufwies, schien die Fähigkeit zu haben, sich unsichtbar zu machen. Schon früh hatte sie gelernt, dass sie niemandem auffiel, wenn sie dies nicht wollte. Sie nutzte dies für Theaterbesuche und Zugfahrten: Niemals musste sie eine Karte lösen, in dreißig Jahren fiel sie kein einziges Mal auf, noch nicht einmal dann, wenn alle anderen kontrolliert wurden.

Sonne-Pluto-Aspekte

Prinzip: prinzipienorientiertes Handeln

Konjunktion

Entspricht auch Sonne in Haus acht und Pluto in Haus fünf

Die Konjunktion von Sonne und Pluto ist die Verbindung zweier in mancher Hinsicht gegensätzlicher Prinzipien: Während die Sonne das Leben schlechthin repräsentiert, symbolisiert Pluto unter anderem das Ende der Dinge.

So sind denn die Menschen mit dieser Konstellation auch leidenschaftlich und radikal in ihren Handlungen. Für das, was sie als richtig erkannt haben, sind sie bereit, alles einzusetzen. Dingen, die sie für falsch halten, können sie hingegen keinerlei Verständnis und Toleranz entgegenbringen.

Zu ihren herausragenden Persönlichkeitszügen gehört ihre Zuverlässigkeit. Gegebene Versprechen werden grundsätzlich gehalten, selbst wenn hierzu besondere Schwierigkeiten in Kauf genommen werden müssen. Was sie beginnen, führen sie auch zu Ende. Diese Charakterstärken werden von Partnern, Freunden und Angehörigen jedoch auch oft als Schwäche empfunden. Sie erleben die Nativen in vielen Situationen als dickköpfig und unnachgiebig. Nur selten ist es möglich, sie von einer anderen Meinung zu überzeugen oder sie dazu zu bewegen, dass sie ihre Pläne ändern. So hinterlassen sie in ihrer Umgebung oft einen zwiespältigen Eindruck. Einerseits werden sie für ihre Konsequenz und Zuverlässigkeit respektiert, andererseits fürchten Freunde, Partner und Mitarbeiter ihre Unnachgiebigkeit In der Tat haben die meisten Menschen mit dieser Konstellation Schwierigkeiten, mit anderen auf einer persönlichen Ebene zurechtzukommen. Einige halten sie für ungesellig, was allerdings nur insofern zutrifft, als sie ein intensives Zusammensein mit wenigen Vertrauten einer oberflächlichen Massenveranstaltung vorziehen. Vielleicht dauert es eine Weile, bis sie mit jemandem »warm werden«, dafür sind sie dann aber auch bereit, für den anderen durchs Feuer zu gehen.

Sonne-Pluto-Geborene sind meist Idealisten, denen Geld und Status nur wenig bedeuten. Für Ziele, die ihnen lohnenswert erscheinen, sind sie sogar bereit, ihre finanzielle Absicherung und ihre Gesundheit zu gefährden. So anerkennenswert dieser Wesenszug ist, so sehr sollten derartige Schritte doch extremen Ausnahmesituationen vorbehalten bleiben, die keine andere Lösung zulassen.

Um eine allzu einseitige Persönlichkeitsentwicklung zu verhindern, ist es bei dieser Konstellation besonders wichtig, sich eine angemessene häusliche Situation zu schaffen, in der der Native sich geborgen fühlt und erholen kann. Es ist wichtig, die eigenen Emotionen ernst zu nehmen und sie keinesfalls als Zeichen von Schwäche beiseitezuschieben. Da viele Sonne-Pluto-Geborene unter permanenter seelischer Anspannung stehen, sollten regelmäßig Entspannungsübungen durchgeführt werden, die gerade hier einen unschätzbaren Wert haben. Bei körperbetonten Menschen kann dies Joggen oder eine andere Ausdauersportart sein, andere werden mit autogenem Training oder Meditation gute Erfahrungen machen.

Spannungsaspekte (Opposition und Quadrat)

Entsprechen auch Spannungsaspekten zwischen den Herrschern von Haus fünf und Haus acht

Spannungsaspekte zwischen Sonne und Pluto sind ein Hinweis auf übertriebene Ansprüche an die eigene Leistungsfähigkeit. Extreme Selbstdisziplin bis hin zur Selbstverleugnung wird dann gelegentlich als besondere Ernsthaftigkeit und Charakterstärke missverstanden. Essen, Schlaf, Sexualität oder andere angeborene Bedürfnisse werden dann in manchen Fällen mit Absicht in einer unangenehmen und auch unangemessenen Form gelebt: Manch einer hält beispielsweise Diäten, die ihm weder schmecken noch bekommen, schläft vielleicht chronisch zu wenig, »damit ich mehr leisten kann«, oder verweigert sich seinen sexuellen Wünschen und Neigungen.

Das Handeln gegen die eigenen Bedürfnisse wird dann als Beweis besonderer Willensstärke interpretiert. Es ist jedoch besser, seine Kräfte auf sinnvolle Aufgaben zu richten, als sich darauf zu konzentrieren, sich selbst zu verleugnen. Das Machtbedürfnis, das hier zum Verbiegen der individuellen Vitalkräfte missbraucht wird, kann wesentlich besser im Einsatz gegen echtes Fehlverhalten verwandt werden. Dies gilt sowohl für eigene Charakterschwächen als auch für Übergriffe, die andere begehen. Um die Chancen, die dieser Aspekt bietet, wirklich nutzen zu können, ist es jedoch wichtig, dass sich die Nativen ernsthaft mit den Themen Macht, Gewalt und Autorität auseinandersetzen. Sehr oft haben sie diese Aspekte menschlichen Verhaltens insbesondere in ihrer Kindheit und Jugend in unangenehmer Form am eigenen Leibe erfahren. Vor allem der

Vater oder andere männliche Bezugspersonen können hier ihre physische Überlegenheit missbraucht haben, so dass die Nativen das Gefühl von Ohnmacht und Scham immer wieder erleiden mussten. Wer solche Erfahrungen machen musste, läuft Gefahr, im späteren Leben selbst derartige Verhaltensmuster zu entwickeln. Natürlich können sie damit andere und Schwächere, wie zum Beispiel die eigenen Kinder, in Angst und Schrecken versetzen. Geliebt werden sie dafür natürlich nicht; die meisten Menschen mit dieser Konstellation entwickeln daher auch eine heftige Ablehnung gegen alle Formen von Gewalt und haben gerade deswegen Schwierigkeiten, ihre Aggressionen wirklich in den Griff zu bekommen.

Die Herausforderung und Lernaufgabe dieser Konstellation besteht darin, zu lernen, dass eine Autoritäts- und Machtposition nicht nur missbraucht werden kann, sondern dass es notwendig ist, selbst Autorität und Macht zu erreichen, wenn wir deren Missbrauch erfolgreich bekämpfen möchten. Manchmal ist physische oder psychische Gewalt notwendig, um Unrecht abzuwenden und noch größere Gewalt zu verhindern. Diese Einsicht ist eines der Lebensthemen der Nativen. Hierzu gehört auch die Fähigkeit, ein angemessenes Verhältnis zur eigenen Aggression und Wut zu entwickeln, um sie in konstruktive Bahnen zu lenken. Erst dann sind wir diesen Gefühlen nicht mehr hilflos ausgeliefert – weder als Täter noch als Opfer.

Harmonische Aspekte (Trigon und Sextil)

Entsprechen auch harmonischen Aspekten zwischen den Herrschern von Haus fünf und Haus acht

Harmonische Aspekte zwischen Sonne und Pluto bieten die Chance für ein ausgeglichenes Verhältnis zwischen Subjektivität und Verantwortungsgefühl. Menschen mit dieser Konstellation im Horoskop versprechen nicht mehr, als sie halten können und wollen. Im Umgang mit anderen und in der Partnerschaft fällt es einem leichter als vielen anderen, verbindlich zu sein. So genießen sie in ihrer persönlichen Umwelt eine natürliche Autorität, sind glaubwürdig und die anderen schätzen sie für ihre Zuverlässigkeit.

Menschen mit harmonischen Sonne-Pluto-Aspekten haben einen sicheren Instinkt für Recht und Unrecht. Sie können Ungerechtigkeit und Machtmissbrauch nicht ausstehen, und wenn andere Aspekte dies bestätigen, werden sie sich auch persönlich in der einen oder anderen Form für die Bekämpfung solcher Missstände einsetzen.

Oft besitzen Sonne-Pluto-Geborene ein besonders ausgeprägtes Vorstellungsvermögen, das sie in die Lage versetzt, zukünftige Konsequenzen beurteilen zu können, die sich sonst nur schwer abschätzen ließen.

Mond-Aspekte

Mond-Merkur-Aspekte

Prinzip: emotionales Denken

Konjunktion

Entspricht auch Mond im dritten und sechsten Haus und Merkur im vierten Haus

Gefühlsleben und Verstand gehen bei diesem Aspekt eine ungewöhnliche und enge Verbindung ein. So ist sich der Native zum Beispiel seiner Emotionen erst dann bewusst, wenn er über sie gesprochen hat. Empfindungen, die nicht verbalisiert werden, bleiben der Gesamtpersönlichkeit unbekannt und sind damit subjektiv nicht vorhanden. Es ist beispielsweise typisch, dass Menschen, die eine Mond-Merkur-Verbindung im Horoskop aufweisen, erst dann merken, dass sie in jemanden verliebt sind, wenn sie ihrem besten Freund oder ihrer besten Freundin so lange von ihrer neuen Bekanntschaft vorgeschwärmt haben, bis sie diesen restlos auf die Nerven gehen.

Die Notwendigkeit, alle Gefühle äußern zu müssen, bevor sie sie selbst verstehen und integrieren können, bringt notwendigerweise einen Hang zum Pathetischen und Theatralischen mit sich. Viele Native schauspielern gerne, in Laiendarstellergruppen, im Beruf und auch im Privatleben. Wir sollten nicht unbedingt immer alles wörtlich nehmen, was sie sagen, sondern sollten dies als gelegentliche Experimente auffassen, mit denen die Möglichkeiten der eigenen Persönlichkeit erforscht werden sollen.

Viele – insbesondere weibliche – Native halten Zwiesprache mit ihrem Tagebuch und finden auf diesem Wege Zugang zu ihrem außergewöhnlichen und intensiven Gefühlsleben.

Menschen mit Mond-Merkur-Verbindungen im Horoskop können besser als andere ihre Empfindungen ausdrücken. Sehr oft tun sie dies auf eine Art, die ihnen allgemein Sympathie einbringt und sie populär macht, da sie Gefühle zeigen, die viele auf eine ähnliche Weise erleben.

Emotionale Intensität und allgemeine Popularität vertragen sich schlecht mit logischem Denken, intellektueller Differenziertheit und Konsequenz. So wie Stimmungen sich ändern, so ändern sich auch oft die Standpunkte der Nativen. Es wäre deshalb überzogen, von ihnen zu erwarten, dass sie die Dinge morgen noch genauso sehen wie heute. Wenn die Menschen in ihrer Umgebung dies wissen, können sie sich in ihrer Nähe ausgesprochen wohl fühlen.

Spannungsaspekte (Opposition und Quadrat)

Entsprechen auch Spannungsaspekten zwischen den Herrschern von Haus vier und Haus drei oder sechs

Spannungsaspekte zwischen Mond und Merkur weisen darauf hin, dass sich Gefühlsleben und Verstand bei diesem Aspekt immer in die Quere kommen. Was die Nativen fühlen und was sie denken, widerspricht sich oft in einem Maße, dass es allen außer ihnen selbst auffällt. Wenn die emotionale Seite dominiert, tun und sagen sie Dinge, die völlig unvereinbar mit den Standpunkten sind, die sie einnehmen, wenn die Ratio dominiert. Im Extremfall haben Mond-Merkur-Geborene das Gefühl, mit zwei verschiedenen Persönlichkeiten in einem Körper zu tun zu haben. Dies kann so weit gehen, dass sich die Nativen, wenn sie sich in einem der beiden Bewusstseinszustände befinden, nicht mehr an das erinnern, was sie gesagt und getan haben, als sie sich im anderen befanden. Die große Lernaufgabe und Herausforderung von Mond-Merkur-Aspekten liegt in der Aussöhnung der beiden verfeindeten Persönlichkeitsseiten.

Wenn traumatische Kindheitserfahrungen aufgearbeitet werden, erinnern sich die meisten Nativen daran, dass ihre Mutter wesentliche Seiten ihres Gefühlslebens nicht akzeptierte und alles unternahm, um sie zu ändern. Da jedes Kind auf Mutterliebe angewiesen ist, ist es nur zu natürlich, dass die Nativen es unbedingt ihrer Mutter recht machen wollten und versuchten, sich deren Erwartungen anzupassen. Die Art und Weise, wie wir empfinden, ist jedoch angeboren und lässt sich im Allgemeinen genausowenig ändern wie unsere natürliche Augenfarbe. So lernt das Kind, so zu denken, wie es von ihm erwartet wird, dass es fühlen soll. Der Intellekt ist neutral und beliebig formbar, sogar so weit, dass er Gefühle simulieren kann, die im Widerspruch zu wahren Empfindungen stehen. Um sich die Liebe der Mutter zu erhalten oder neu zu erwerben, muss das Kind an sein eigenes Vexierspiel glauben, was umso leichter fällt, als das, was wir zeigen und darstellen, in der Regel von allen Beobachtern mit unseren wahren Gefühlen verwechselt wird.

Gerade weil jedoch dieser psychologische Taschenspielertrick so gut funktioniert, entstehen umso stärker unbewusste Schuldgefühle, die eine immer weiter gehende Verleugnung des Emotionalen erzwingen.

Eine einfache, aber oft sehr erfolgreiche Übung ist es, darüber nachzudenken, welche Charaktereigenschaften und Neigungen von der Mutter in besonderem Maße grundsätzlich abgelehnt wurden. Anschließend sollten die Betroffenen sich viel Zeit bei der Prüfung der Frage lassen, welche dieser Eigenschaften sie wider Erwarten möglicherweise doch besitzen. Dieser Prozess mag schmerzhaft sein, doch trägt er immens zu einer Bereicherung und Vervollständigung der Persönlichkeit bei, indem erstmals eine echte emotionale Eigenständigkeit gewonnen wird. Integrierte Persönlichkeiten mit dieser Konstellation haben mehr als andere die Widersprüchlichkeit zwischen Denken und Fühlen nicht nur verstanden, sondern begriffen. Sie sind nicht mehr bereit, auf wesentliche Facetten ihres Wesens zu verzichten, nur um als scheinbar widerspruchsfreie Wesen zu erscheinen. Sie sind den Rest ihres Lebens vor emotionaler Erpressung und Manipulation gefeit.

Harmonische Aspekte (Trigon und Sextil)

Entsprechen auch harmonischen Aspekten zwischen den Herrschern von Haus vier und Haus drei oder sechs

Der Umgang mit Gefühlen fällt den Nativen leicht. Was sie sagen, wird ihnen im Allgemeinen auch geglaubt, und häufig gehören sie zu den Leuten, denen nachgesagt wird, dass sie selbst den Eskimos Kühlschränke verkaufen könnten. Wenn emotionale Beredsamkeit auch missbraucht werden kann – zum Beispiel, indem wir anderen etwas verkaufen, das diese weder wollen noch benötigen, so ist eine solche Fähigkeit dennoch natürlich eine Stärke.

Die Gabe, in Wort und Schrift allgemeinverständlich und überzeugend sein zu können, wird von den unter diesem Aspekt Geborenen oft so selbstverständlich erlebt, dass dies überhaupt nicht als persönlicher Vorzug empfunden wird.

Die Nativen wuchsen oft in einer Umgebung auf, in der weibliche Bezugspersonen prägenden Einfluss hatten. Dieser wurde fast immer als positiv erlebt, und es gibt kaum jemanden mit dieser Konstellation, der sich nicht an »seine« Lieblingslehrerin erinnert. Mutterfiguren gaben insbesondere männlichen Nativen das Gefühl, der Hahn im Korb zu sein, und mancher gewöhnte sich an das Gefühl, bevorzugt zu werden, so sehr, dass er eine spätere Gleichstellung mit anderen (zum Beispiel beim Militärdienst) als Zurücksetzung empfand.

Menschen mit dieser Konstellation erfreuen sich fast immer besonderer Beliebtheit in ihrer sozialen Umwelt, auch wenn sie in vielen Fällen nicht besonders viel dafür tun – es fällt ihnen einfach zu. Fernsehmoderatoren, Schauspieler, Geschichtenerzähler und viele Journalisten der Boulevardpresse verfügen über diese Konstellation.

Diese Menschen haben oft bis ins hohe Alter hinein eine jugendliche Ausstrahlung und überraschen ihre Umgebung oft durch spontane Einfälle und Vorschläge. Doch was bei anderen möglicherweise kindisch wirkt, wird hier als bewundernswerte Kindlichkeit empfunden.

Mond-Merkur-Menschen lieben die Beweglichkeit, sei es im geistigen oder im körperlichen Bereich oder in beiden. So sind allzu langwierige und schwerfällige Vorgänge ihre Sache nicht: Es muss schnell gehen, der Native braucht das Gefühl, vorwärtszukommen. Manch einer mit dieser Konstellation ist ein hervorragender Koch, aber wundern Sie sich nicht, wenn das Menü in zwanzig Minuten auf dem Tisch steht. Länger darf es nicht dauern, sonst macht dem Nativen die Kocherei keinen Spaß.

Viele Lehrer weisen diese Konstellation auf, und dies ist auch kein Wunder, denn so gerne, wie sie erzählen, so gerne hören Schüler, Freunde und Bekannte ihnen auch zu. Nahezu alle Lehrer aus Berufung weisen eine entsprechende Mond-Merkur-Konstellation auf.

Horoskopbeispiel Mond-Merkur-Konjunktion

Bei meinem Klienten handelt es sich um einen sehr erfolgreichen Psychotherapeuten, in dessen Horoskop sich eine Mond-Merkur-Konjunktion im achten Haus befindet.

Er arbeitet in seiner Praxis mit einer Mischung aus Gesprächstherapie und klassischer Psychoanalyse. So ist er denn auch erfreut, als ich ihn darauf hinweise, dass sein Horoskop Parallelen zu dem Sigmund Freuds aufweist Er wurde streng und katholisch erzogen. Die Mutter hatte kaum Zeit für ihn, da noch neun weitere Kinder zu versorgen waren. Er war das vierte und lief eben einfach so mit – er fiel nicht weiter auf und wurde auch nicht besonders beachtet.

Der Vater war Lehrer und kümmerte sich überhaupt nicht um die Kinder, außer wenn sie etwas angestellt hatten. Da gab es dann Prügel mit dem Rohrstock, den er in der Schule wie bei seinen Kindern als bevorzugtes Instrument der Erziehung einsetzte. Mein Klient versuchte deshalb genauso wie seine Geschwister, seinem Vater aus dem Weg zu gehen, persönlichen Kontakt mit ihm gab es praktisch nicht.

Schon seit seinem sechsten Lebensjahr litt er regelmäßig unter diffusen Ängsten und nervöser Unruhe. Schluckbeschwerden und

Magenkrämpfe kamen hinzu. Irgendwann fiel er einer psychologisch gebildeten Lehrerin auf, die sich um ihn kümmerte und ihm beibrachte, über seine Gefühle zu sprechen. Als sich daraufhin seine Beschwerden radikal besserten, beschloss er, selbst Psychologe zu werden, um anderen bei der Überwindung ihrer Schwierigkeiten zu helfen.

Mond-Venus-Aspekte

Prinzip: ästhetisches Empfinden

Konjunktion

Entspricht auch Mond im zweiten und siebten Haus und Venus im vierten Haus

Menschen mit Mond-Venus-Konjunktion im Horoskop haben meist ein ausgleichendes Gefühlsleben und meiden alles Extreme. In der Regel werden der Partner und die persönliche Umgebung in die eigene Emotionalität derart mit einbezogen, dass der Native quasi für sie mitempfindet. Somit werden persönliche Einstellungen und Entscheidungen davon abhängig gemacht, wie andere dazu stehen könnten.

Diese Form des Mitempfindens macht die Nativen für ihre Umgebung zu ausgesprochen angenehmen Zeitgenossen, die alles tun, damit ihre Lieben sich bei ihnen wohlfühlen. Manchmal besteht hier allerdings die Gefahr, dass wir die Wünsche und Bedürfnisse des Partners nicht völlig korrekt einschätzen. Da kaum darüber gesprochen wird, bleiben solche Missverständnisse oft lange unaufgeklärt. So ist es möglich, dass wir uns anstrengen, dem Partner Wünsche zu erfüllen, die dieser gar nicht hat. Mond-Venus-Geborene sollten sich deshalb nicht ausschließlich auf ihren zweifelsohne guten Instinkt verlassen, sondern gelegentlich einfach das offene Gespräch suchen und ihre Partner und Freunde nach ihren wirklichen

Wünschen befragen. Hier kann es dann durchaus zu erstaunlichen Überraschungen kommen ...

Ist die Mond-Venus-Konjunktion durch andere Aspekte verletzt, kann das eigentlich vorhandene Bedürfnis, auf Partner und Freunde in besonderem Maße emotional einzugehen, als erniedrigend empfunden werden, obwohl es doch Teil der eigenen Veranlagung ist und in der Regel auch von niemandem eingefordert wird. Dennoch kommen derartige Projektionen vor. Hier treten paradoxe Verhaltensweisen auf, indem die Nativen beispielsweise sogar aggressiv auf wirkliche oder eingebildete Erwartungen ihrer engsten Umgebung reagieren, weil sie diese als Übergriff und Einschränkung empfinden.

In solchen Situationen besteht die Herausforderung, eine angemessene Abgrenzungsfähigkeit zu erlernen und sich nicht übermäßig mit dem Gefühlsleben des Partners zu identifizieren.

Spannungsaspekte (Opposition und Quadrat)

Entsprechen auch Spannungsaspekten zwischen den Herrschern von Haus vier und Haus zwei und sieben

Spannungsaspekte zwischen Mond und Venus können auf Störungen bei Begegnungen hinweisen. Die Horoskopeigner haben Schwierigkeiten, Beziehungen zu Menschen einzugehen, die ihnen wesensverwandt sind und die ihrem Naturell deshalb besonders entsprechen. Hier tritt oft ein unnötig brüskes und abweisendes Verhalten zutage. In vielen Fällen liegt die Ursache darin, dass nicht gelernt wurde, eine angemessene Form der Selbstliebe zu entwickeln. Insgeheim mögen sich viele Native nicht besonders und erleben sich für ihre Umwelt als wenig anziehend. Um dies zu überspielen, stellen sie oft eine Selbstständigkeit und Unabhängigkeit zur Schau, die sie in Wirklichkeit gar nicht haben. Zu Personen, die dieses Schutzverhalten ignorieren, entwickeln sie deshalb schnell eine emotionale Bindung. Leider ist ihre Menschenkenntnis oft nicht die beste, und folglich investieren sie ihr Vertrauen nur allzu leicht in Leute, die dies wirklich nicht verdienen. So sind Enttäuschungen oft schon vorprogrammiert, die ihr Misstrauen in andere natürlich verstärken.

Derartige Erfahrungen sowie eine oft vorhandene Existenzunsicherheit können in eine ungesunde materialistische Einstellung münden, in der Geld, Schmuck, Kosmetika und repräsentative Kleidung zum Lebensinhalt werden.

Da jetzt die Tendenz besteht, andere nur nach äußerer Erscheinung und Bankkonto zu beurteilen, verkümmern die Chancen, die emotionale Zuwendung zu erhalten, nach der der Native sich so sehnt, weiter. Vielmehr laufen sie Gefahr, das Opfer von Betrügern und Hochstaplern zu werden.

Lernaufgabe und Herausforderung dieser Konstellation ist das Kennenlernen der eigenen Gefühle. Erst wenn wir unsere emotionalen Bedürfnisse und Reaktionen wirklich kennen und verstehen, ist es auch möglich, auf andere angemessen einzugehen. Wenn wir uns um einen derartigen Vorgang bemühen, ergeben sich eine gesicherte Existenzgrundlage und adäquate zwischenmenschliche Beziehungen fast schon von allein.

Harmonische Aspekte (Trigon und Sextil)

Entsprechen auch harmonischen Aspekten zwischen den Herrschern von Haus vier und Haus zwei und sieben

Oft wuchsen Menschen mit dieser Konstellation in wohlbehüteten und abgesicherten Verhältnissen auf. Selbst in Fällen, wo das Verhältnis zu den Eltern nicht gerade das beste war, gab es in materieller Hinsicht kaum ernsthafte Einschränkungen. Konflikte werden selten offen ausgetragen worden sein, und die wirkliche oder vermeintliche Familienharmonie wurde über alles gestellt. So entwickelten die Nativen eine vorbehaltlose Weltoffenheit, die sich freilich erst sehr spät an der Realität messen lassen musste und deshalb oft von einer gewissen Naivität gekennzeichnet ist.

Mit ihren angeborenen diplomatischen Fähigkeiten versuchen

sie oft zwischen Konfliktparteien in ihrem Freundes- und Bekanntenkreis zu vermitteln. Dieser anerkennenswerten Neigung sollten sie allerdings nur in Ausnahmefällen nachgehen, da bei ihnen die Gefahr zu groß ist, zwischen die Fronten zu geraten. So kann uneigennütziges persönliches Engagement dazu führen, dass aus Freunden Feinde werden.

Selbst sind die Horoskopeigner kaum konfliktfähig, da nur in seltenen Fällen in Kindheit und Jugend die Kunst der Auseinandersetzung geübt wurde. So besteht die Tendenz, in Partnerschaften »zu lieb« zu sein. Der eigene Standpunkt wird nicht offen vertreten, was es dem Gegenüber natürlich schwer macht, den Interessen der Nativen gerecht zu werden. Hier sollten sie den Mut zu klaren Äußerungen entwickeln.

In künstlerisch-ästhetischer Hinsicht sind die Nativen erstaunlich konsequent und geschmackssicher. Sie benötigen eine ordentliche und ansprechende Umgebung, um sich wohlzufühlen. Ein wenig Luxus bei Kleidung, Kosmetik und Wohnen gönnen sie sich gern.

Diese Menschen wirken auf ihre Umgebung oft außerordentlich attraktiv, und fast jeder in ihrem Umfeld sucht ihre Nähe und Freundschaft. Insbesondere bei Frauen können sich hier echte Probleme ergeben. Die mangelnde Fähigkeit zur Abgrenzung führt dazu, dass die Horoskopeigner niemanden zurückweisen und auch denen gerecht werden möchten, an denen ihnen eigentlich gar nichts liegt.

Da jeder Mensch nur eine sehr begrenzte Anzahl von Freundschaften wirklich pflegen kann, fühlen sich die ungebetenen Bekannten ständig vernachlässigt und suchen einen Kontakt zu intensivieren, den die Horoskopeigner am liebsten friedlich einschlafen lassen würden. Nicht zuletzt leiden hierunter die wirklich bedeutsamen Beziehungen, die natürlich ebenfalls zu kurz kommen.

Hier muss die Fähigkeit, nein zu sagen, auch wenn dies möglicherweise verletzend sein sollte, erlernt werden, falls sie nicht Gefahr laufen wollen, sich in einer Unzahl unproduktiver Sozialkontakte aufzureiben.

Mond-Mars-Aspekte

Prinzip: leistungsorientiertes Empfinden

Konjunktion

Entspricht auch Mond im ersten Haus und Mars im vierten Haus

Es besteht eine Identität von Aggression und Empfinden, von Konkurrenzorientierung und Emotion. Im praktischen Leben äußert sich die Verbindung der beiden Planetenprinzipien in der überdurchschnittlich ausgeprägten Neigung, sich von anderen seelisch verletzt zu fühlen. Auf alles, was als persönlicher Angriff interpretiert werden kann, reagieren die Nativen besonders empfindsam. So ist es verständlich, dass sie im Gegenzug ihre Umgebung nicht immer mit Glacéhandschuhen anfassen und ihre Fähigkeit, die Schwachpunkte bei anderen zu erkennen, weidlich ausnutzen. Natürlich ist dies in den meisten Fällen ein unbewusster Vorgang, der eher als Selbstschutz denn als Böswilligkeit aufzufassen ist. Die Verwechslung von Ursache und Wirkung – also in diesem Fall die Neigung, die Reaktion auf eigenes aggressives Verhalten als Beweis zu interpretieren, dass der Horoskopeigner sich gegen die Aggression anderer schützen muss – führt natürlich zu einem Teufelskreis, der die falsche Interpretation der Reaktionen anderer in immer stärkerem Maße scheinbar bestätigt. So wird das persönliche Umfeld, ohne dass der Native dies bemerkt, zu einem Spiegel der eigenen destruktiven Emotionen und Befürchtungen. Anders ausgedrückt: Mit den eigenen Ängsten schaffen wir Wirklichkeiten. Der Mond entspricht unserem Wahrnehmungspotenzial, der Art und Weise, wie wir die Welt erleben und empfinden. Wenn dieses Wahrnehmungspotenzial von Mars überlagert wird (wie dies bei einer Mond-Mars-Konjunktion der Fall ist), so ist keine Empfindung mehr möglich, die nicht von Mars-Entsprechungen gefärbt wäre. Neben der Analogie des Sich-bedroht-Erlebens, glücklicherweise nur eine von mehreren Möglichkeiten, ist die Konkurrenzorientierung eine wichtige und häufige Entsprechung: Alle Fähigkeiten, Leistungen und Vorzüge, die wir an anderen wahrnehmen, werden danach beurteilt, ob wir diese übertreffen können bzw. dies bereits tun. Abgesehen von Themenbereichen, für die beim besten Willen keinerlei persönliches Interesse entwickelt werden kann, besteht hier immer eine Stresssituation, die es schwermacht, anderen etwas neidlos zu gönnen. Vielmehr wird die vermeintliche oder wirkliche Überlegenheit eines anderen als Infragestellung der eigenen Person und des eigenen Persönlichkeitswerts interpretiert. So ist es unvermeidlich, dass die meisten Menschen mit einer Mond-Mars-Konjunktion im Horoskop einen ausgesprochenen Ehrgeiz entwickeln, der sie nicht eher ruhen lässt, als bis sie in allen wichtigen Bereichen die Leistungen der Menschen in ihrer persönlichen Umgebung übertreffen oder zumindest erreichen. Wo dies nicht gelingt, besteht die Gefahr, ins Autoaggressive zu verfallen und ausgesprochen selbstzerstörerische Verhaltensweisen zu entwickeln.

In statistischer Hinsicht ließ sich mit außergewöhnlicher Eindeutigkeit nachweisen, dass Mond-Mars-Konstellationen in einem engen Zusammenhang mit Essstörungen stehen. Hierzu gehören Luftschlucken, Magersucht, Bulimie sowie die Fettsucht. Glücklicherweise ist nur ein verhältnismäßig kleiner Anteil von Nativen von dieser Konstellation betroffen, dennoch müssen solche Krankheitsentsprechungen als extremes Symptom einer übertrieben leistungs- und stressorientierten Lebenseinstellung gewertet werden, die letztlich nicht einmal bei der Nahrungsaufnahme Entspannung zulässt. Mond-Mars-Konjunktionen sind oft ein Hinweis darauf, dass die Nativen im Leben mehr erreichen, als dies vielen anderen möglich ist Allerdings muss die nicht geringe Gefahr gesehen werden, dass hierbei Lebensfreude, Entspannungsfähigkeit und vor allem die Fähigkeit, Freundschaften und vertrauensvolle partnerschaftliche Beziehungen zu führen, auf der Strecke bleiben.

Eine positivere, weniger leistungsorientierte Lebenseinstellung ist deshalb in vielen Fällen erstrebenswert. Hierbei können die Beschäftigung mit Kindern, aktive Freizeitgestaltung und ein ausgeglichenes Sexualleben sehr hilfreich sein. Die Auseinandersetzung mit philosophischen und religiösen Themen vermag einen Gegenpol zum Alltagsstress zu schaffen und bei der Beantwortung von Sinnfragen zu helfen.

Spannungsaspekte (Opposition und Quadrat)

Entsprechen auch Spannungsaspekten zwischen den Herrschern von Haus vier und Haus eins

Spannungsaspekte zwischen Mond und Mars können entwicklungspsychologisch auf ein gestörtes Verhältnis zur eigenen Familie hinweisen. Streit und Auseinandersetzungen dürften in der frühen Kindheit und Jugend eine erhebliche Belastung dargestellt haben. Insbesondere die Mutterbeziehung ist in vielen Fällen unharmonisch, und die Trennung von den Lebensvorstellungen der Eltern findet entsprechend früh statt. Da jedoch die symbiotische Phase zwischen Mutter und Kind gestört war und sich hieraus eine grundsätzliche seelische Ungeborgenheit entwickelte, kann die Loslösung vom Elternhaus und hier insbesondere von der Mutter nur auf einer formalen Ebene stattfinden. Emotional bleibt die Sehnsucht nach echter Geborgenheit und Aussöhnung weiterhin von elementarer Bedeutung. Oft wird die Hoffnung nach einer echten Verständigung und Aussöhnung erst in der zweiten Lebenshälfte unter großen Schmerzen aufgegeben.

Auf persönliche Verletzungen reagieren Mond-Mars-Geborene empfindlich bis aggressiv, sodass sie von ihrer Umgebung im Einzelfall als launisch und unberechenbar eingestuft werden. Innere Anspannungen werden durch besonderen Leistungswillen, auch im körperlichen Bereich, abgebaut oder, besser gesagt, abreagiert. Wer sich für Sport interessiert, wird hier einen besonderen Ehrgeiz und unbedingten Siegeswillen entwickeln, indem der Wettkampf emotional hin zu einer Auseinandersetzung auf Leben und Tod uminterpretiert wird.

Spannungsaspekte zwischen Mond und Mars gehören sicherlich zu den schwierigen Aspekten im Horoskop, sie bieten jedoch auch die Chance, an den eigenen Ansprüchen zu wachsen. In beruflicher und sozialer Hinsicht kann Außergewöhnliches erreicht werden. Für die Mond-Mars-Geborenen ist es nützlich, ein Bewusstsein für die eigenen Fähigkeiten zur Veränderung zu entwickeln. Wenn sie sich daran erinnern, was sie alles im Leben erreichen konnten, welche Schwierigkeiten durch persönliche Anstrengungen überwunden wurden, wird echter Selbstrespekt verwirklicht. Dies verwandelt potenziell autoaggressive Kräfte in positive Leistungsmotivation.

Harmonische Aspekte (Trigon und Sextil)

Entsprechen auch harmonischen Aspekten zwischen den Herrschern von Haus vier und Haus eins

Menschen mit dieser Konstellation verfügen über eine ausgeprägte Vitalität. Sie haben das Bedürfnis, ihre Gefühle zu zeigen, und das tun sie auch. Ihre Spontaneität und Begeisterungsfähigkeit wirken auf andere ansteckend. So finden sie für ihre Pläne und Vorhaben leicht Mitstreiter, da viele Menschen ihnen »aus dem Bauch heraus« vertrauen. Oft übernehmen sie Führungspositionen, da sie in der Regel beliebt sind und ihre Tatkraft allgemein geschätzt wird.

Sie verfügen zumeist über eine gute Gesundheit und starke Regenerationskräfte, die durch regelmäßige körperliche und sportliche Betätigung noch gefördert werden.

Obwohl sie ausgesprochen friedfertig sind und es schwerfällt, mit ihnen nicht gut auszukommen, vertreten sie ihre Ansichten und Standpunkte doch mit großer Eindeutigkeit. Keinesfalls sind sie bereit, nur um des lieben Friedens willen zurückzustecken. Dabei gelingt ihnen häufig das Kunststück, ihre Interessen durchzusetzen, ohne auf ernsthafte Widerstände zu stoßen und ohne sich dabei Feinde zu machen.

Für die meisten Mond-Mars-Geborenen ist die Familie besonders wichtig. Sie trägt wesentlich zu ihrer seelischen Ausgeglichenheit bei und gibt ihnen die Motivation, sich ihren alltäglichen Herausforderungen zu stellen.

Mond-Jupiter-Aspekte

Prinzip: emotionale Expansion

Konjunktion

Entspricht auch Mond im neunten Haus und Jupiter im vierten Haus

Intellektueller Selbstdarstellungsdrang und Empfinden, persönliche Freiräume und Emotion sind identisch. Im praktischen Leben äußert sich die Verbindung der beiden Planetenprinzipien in einer überdurchschnittlich ausgeprägten Neigung, Empfindungen zu intensivieren und zu verallgemeinern. Auf alles, was als Einschränkung ihrer persönlichen Freiräume interpretiert werden kann, reagieren diese Menschen überempfindlich. So ist es verständlich, dass der Horoskopeigner im Gegenzug probiert, sich eine Umgebung zu suchen oder zu schaffen, welche das gesteigerte Bedürfnis nach emotionaler Expansion respektiert oder, besser noch, unterstützt und fördert. Bei Künstlern mag sich das in einem »Hofstaat« von Bewunderern zeigen, bei finanziell Wohlhabenden in der großherzigen Unterstützung von Minderbemittelten, die sie auf diesem Wege von sich abhängig machen. Es gibt eine Vielzahl von Möglichkeiten, sich eine Umgebung zu schaffen, die einem Freiräume ermöglicht, die andere nicht haben. Zur Ehrenrettung der Nativen muss allerdings gesagt werden, dass diese tatsächlich über ein expansiveres und umfangreicheres (nicht notwendigerweise besseres) Seelenleben verfügen als die meisten anderen Menschen. Kann dies nicht ausgelebt werden, ergeben sich Verbitterung, seelische Erkrankungen bis hin zur Depression. Bekommen die Nativen andererseits die Möglichkeit, emotional auszuufern, wird in den allermeisten Fällen ihre soziale Umwelt davon profitieren. Mond-Jupiter-Geborene lassen gerne andere an ihrem Glück teilhaben. Wenn es ihnen gut geht, so ist es ihnen ein Bedürfnis, dass dies auch für die Menschen in ihrer Umgebung zutrifft. Dafür tragen sie im Rahmen ihrer Möglichkeiten denn auch häufig selbst Sorge.

Die Fähigkeit, alle Aspekte des Lebens wie durch ein Vergrößerungsglas wahrzunehmen, bringt häufig eine gewisse Neigung zur Hypochondrie mit sich: Wenn der Horoskopeigner aus jeder Mücke einen Elefanten machen kann, dann wird aus harmlosen Kopfschmerzen nur allzuleicht ein Hirntumor, aus Bauchschmerzen eine Blinddarmentzündung und einem gereizten Leberfleck Hautkrebs. Auch in der persönlichen Umgebung wird mancher zu Übertreibungen neigen und sich ein wenig großartiger darstellen, als er in Wirklichkeit ist.

Es soll nicht unerwähnt bleiben, dass der Hang zu Übertreibungen bei Karikaturisten, Komikern, Pantomimen, Schauspielern und ähnlichen Berufen von Vorteil ist.

Spannungsaspekte (Opposition und Quadrat)

Entsprechen auch Spannungsaspekten zwischen den Herrschern von Haus vier und Haus neun

Menschen mit dieser Konstellation fühlen sich von ihrer Umwelt meist unterschätzt oder missverstanden. Zu Recht oder zu Unrecht haben sie den Eindruck, dass sie in ihrer Umgebung eher unbeliebt sind und dies ihnen Nachteile verschafft.

Um eine derartige Situation zu überwinden, muss erst einmal herausgefunden werden, ob das Empfinden, abgelehnt zu werden, der Wirklichkeit entspricht oder lediglich auf Einbildung beruht.

In beiden Fällen wird eine Ursache im immensen Bedürfnis der Horoskopeigner nach Anerkennung liegen. Bei realer Ablehnung liegt der Verdacht nahe, dass sie sich durch Übertreibungen oder sogar Angebereien unbeliebt gemacht haben.

Bei der eingebildeten Ablehnung werden sie von den Menschen in ihrer Umgebung zwar akzeptiert, aber nicht in dem Maße, wie sie sich dies wünschen würden. Die überhöhten Ansprüche der Nativen führen dann dazu, dass eine mäßige Akzeptanz mit Zurückweisung gleichgesetzt wird.

Die dritte, allerdings seltene Entsprechung ist besonders kurios.

Hier gelingt es selbst ausgesprochen populären und beliebten Menschen, unter Anerkennungsdefiziten zu leiden – sie nehmen einfach keinerlei positive Zuwendung wahr. Spannungsaspekte zwischen Mond und Jupiter fordern auch immer dazu heraus, dass man den Hang, sich selbst zu wichtig zu nehmen, überwindet. Am einfachsten kann das verwirklicht werden, indem der Geborene sich intensiv mit den Bedürfnissen und Nöten von Menschen aus dem eigenen sozialen Umfeld auseinandersetzt. Das heißt, die Nativen sollten lernen, mehr darüber nachzudenken, was sie für andere tun können, und sich weniger damit beschäftigen, was die anderen für sie tun sollen. Hierdurch wird ein konstruktiver Prozess in Gang gesetzt, der das emotionale Verständnis für andere in einer Weise fördert, die den eigenen Geltungsdrang auf positive Art relativiert. Umgekehrt führt aufrichtiges soziales Engagement dazu, dass er von seiner Umwelt geachtet und respektiert wird.

Harmonische Aspekte (Trigon und Sextil)

Entsprechen auch harmonischen Aspekten zwischen den Herrschern von Haus vier und Haus neun

Die Stärke der Konstellation liegt in dem Eingebettet-Sein in ein soziales Umfeld, das einen bei der Verwirklichung persönlicher Bedürfnisse und Interessen unterstützt.

Umgekehrt wissen die Menschen in der persönlichen Umgebung, dass sie immer mit der Unterstützung der Nativen rechnen können. Hierdurch entsteht ein Rahmen, der der freien Entfaltung der Persönlichkeit kaum Widerstand entgegensetzt.

Von entscheidender Bedeutung ist jedoch die Fähigkeit, den eigenen Handlungen einen übergeordneten Sinn geben zu können, der über die Befriedigung persönlicher Bedürfnisse hinausgeht. In der Regel wird der Sinn gefunden werden können, indem wir dafür Sorge tragen, dass andere von den eigenen Erfolgen ebenfalls profitieren. Ein guter Koch zum Beispiel hat an der Entwicklung neuer Kreationen noch mehr Freude, wenn er sich der Tatsache bewusst ist, dass er seinen Gästen ein wohlschmeckendes, bekömmliches und gesundes Mahl bereitet, das zur Gestaltung eines schönen Abends beiträgt. Menschen mit dieser Konstellation brauchen ständig neue Anregungen von außen. Sie sollten deshalb so viele Kontakte wie möglich zu Personen aus unterschiedlichen sozialen Schichten und aus verschiedenen Kulturen pflegen. Sie erweitern damit nicht nur auf angenehme Weise ihren Horizont, sondern erhalten wichtige Impulse, wie sie ihre persönlichen Bedürfnisse noch besser gestalten und verwirklichen können.

Mond-Saturn-Aspekte

Prinzip: emotionale Disziplin

Konjunktion

Entspricht auch Mond im zehnten Haus und Saturn im vierten Haus

Es herrscht Identität von Selbstdisziplin und Empfinden, von Konzentration und Emotion. Im praktischen Leben äußert sich die Verbindung der beiden Planetenprinzipien in einer überdurchschnittlich ausgeprägten Neigung, sich in Gefühlsdingen auf Wesentliches zu konzentrieren, und einer Abneigung gegen alles Oberflächliche. Auf alles, was als Missachtung ihrer Gefühlssphäre interpretiert werden kann, reagieren die Nativen überempfindlich. Sie werden sich zurückziehen und kaum das Risiko eingehen, ein zweites Mal von der betreffenden Person verletzt zu werden. Viele potenzielle Freundschaften können so in die Brüche gehen, bevor sie überhaupt begonnen haben. Entwickelte Persönlichkeiten haben allerdings gelernt, dass jeder die Chance einer Erklärung oder Entschuldigung erhalten sollte, bevor er endgültig geschasst wird. Schließlich kommen die meisten Verletzungen unabsichtlich zustande, und die Möglichkeit eines Missverständnisses kann auch nicht immer ausgeschlossen werden. Vor allen Dingen haben sie jedoch erkannt, dass sie sich mit emotionaler Ausgrenzung mehr schaden, als sie sich vor seelischen Verletzungen schützen.

In der klassischen astrologischen Literatur werden Mond-Saturn-Aspekte mehr oder weniger als die schlimmsten und schädlichsten aufgefasst, die überhaupt möglich sind. In der modernen Transpersonalen Astrologie haben wir jedoch erkannt, dass jede Einteilung in gute und schlechte Konstellationen nicht nur unangebracht und unsinnig, sondern schlichtweg falsch ist. Es ist sicherlich richtig, dass manche Planetenprinzipien besser und andere schlechter miteinander harmonieren, dies sagt jedoch nichts über den Wert oder die Bedeutung einer Konstellation aus. So wie einige Dissonanzen einer gelungenen musikalischen Komposition erst die richtige Würze geben, ohne die sie seicht und langweilig klänge, so stellen disharmonische Planetenverbindungen wie Mond-Saturn-Aspekte eine außergewöhnliche Herausforderung dar, die Einsichten und Lebensperspektiven ermöglichen, von denen sich andere Menschen noch nicht einmal eine Vorstellung machen können. Das einzige und entscheidende Kriterium ist, wie wir die angebotenen Möglichkeiten nutzen.

So bietet die Mond-Saturn-Konjunktion zum Beispiel die Fähigkeit, sich in Gefühlsdingen außergewöhnlich strak zu konzentrieren. Das heißt, die Nativen sind im Emotionalen wesentlich beständiger, als dies für die meisten Menschen möglich wäre. So ist zum Beispiel die Entscheidung für einen Lebenspartner von einer größeren Konsequenz und Zuverlässigkeit geprägt, als sie »normale« Menschen aufbringen können. Als einziges Problem kann sich hier der Umstand ergeben, dass der Partner eben in aller Regel nicht über die gleiche Bindungsfähigkeit verfügt wie wir selbst.

Emotionale Enttäuschungen führen bei dieser Konstellation häufig zu Depressionen, nicht zuletzt deshalb, weil sich die Nativen schlechter aus seelischen Bindungen lösen können als andere. Um derartige Krisen zu vermeiden, ist allerdings nicht der Rückzug aus Freundschaften und sozialen Kontakten der richtige Weg, sondern ein starkes Engagement in der Öffentlichkeit und im Beruf. Hier können sie mit ihrer außergewöhnlichen Ausdauer und Geduld ganz Ungewöhnliches leisten. Viele hervorragende Politiker verfügen über diese Konstellation.

Spannungsaspekte (Opposition und Quadrat)

Entsprechen auch Spannungsaspekten zwischen den Herrschern von Haus vier und Haus zehn

Spannungsaspekte zwischen Saturn und Mond stellen eine permanente Provokation dar. Auf der einen Seite empfinden wir stark unsere seelischen Bedürfnisse, wie zum Beispiel den Wunsch nach Geborgenheit und Akzeptanz. Andererseits werden wir mit der Notwendigkeit der Selbstbeschränkung konfrontiert, wenn wir unseren eigenen Zielen und gesellschaftlichen Maßstäben genügen wollen. Im ungünstigen Fall werden wir keinem der Ansprüche gerecht; weder gelingt es uns, unsere Gefühle frei auszuleben, noch bringen wir die Disziplin auf, um uns angemessen um unsere beruflichen und sozialen Verpflichtungen zu kümmern.

Solange wir nicht wirklich wissen, was wir von uns und dem Leben wollen, werden wir beständig auf uns selbst zurückgeworfen. Dies ist eine heftige, aber wirksame Methode, um sich selbst wirklich näherzukommen.

Eine Zeit lang gehen viele in die Falle, sich von ihren Empfindungen zu distanzieren. Das heißt, sie nehmen ihre eigenen Gefühle nicht ernst, da sie ihnen zu wenig objektiv und außerdem auch noch zu unerfreulich sind. Nach außen hin geben sie sich diszipliniert und zuverlässig, sodass ihr Freundes- und Bekanntenkreis sie schätzt und ihnen vertraut. Spätestens um das dreißigste Lebensjahr kommt es zu einem Zusammenbruch dieser Fassade. Das bisherige Selbstbild lässt sich nicht länger aufrechterhalten. Die Nativen müssen erkennen, dass sie innerlich leer sind. Ihre Empfindungsfähigkeit ist verkümmert, und so können sie nur Einsamkeit, Depressionen und Schmerzen als Gefühle wahrnehmen.

Da diese ungeliebten Emotionen zu lange ignoriert und übertüncht wurden, sind sie im Laufe der Jahre so übermächtig geworden, dass sie unerwartet alle Kontrollmechanismen beiseiteschieben können. Die Intensität der Selbstverleugnung in der Vergangenheit bestimmt das Ausmaß der darauffolgenden Heilkrise. Die Horoskopeigner müssen lernen, dass sie nicht für andere, sondern ausschließlich für sich selbst leben. Dies heißt nicht, dass sie keine Verantwortung für ihre Mitmenschen trügen, aber es gibt niemanden, auf den sie ihre eigenen Fehler abwälzen könnten. Es ist völlig bedeutungslos, welchen Sinn andere in ihrem Tun zu erkennen glauben. Einzig entscheidend sind die Fähigkeit und die Bereitschaft, den eigenen Handlungen einen Sinn zu geben. Bei Mond-Saturn-Konstellationen kann dieser Sinn nur darin liegen, dass wir unser Handeln gleichzeitig als sozial und als emotional befriedigend erleben.

Harmonische Aspekte (Trigon und Sextil)

Entsprechen auch harmonischen Aspekten zwischen den Herrschern von Haus vier und Haus zehn

Native, die mit einem Trigon oder Sextil zwischen Mond und Saturn geboren wurden, gehören zu den glücklichen Menschen, die mit einem klaren Lebensfahrplan auf die Welt kamen. Sie empfinden genauer als andere, was sie einmal erreichen wollen. Vielleicht wussten sie bereits als Kind, welchen Beruf sie einmal ergreifen würden.

Was sie sich vornehmen, schaffen sie meist auch, wenn nicht im ersten, dann im zweiten oder dritten Anlauf. Keine Konstellation bietet eine harmonischere Persönlichkeitsentwicklung. Das Geheimnis ihres Erfolgs ist ein untrügliches Gefühl für genaues Timing. Besser als andere haben sie ein Gespür dafür, wie viel Zeit und Energie sie für das Erreichen eines Ziels investieren müssen. Selbst den Einfluss von Stimmungen und Launen beziehen sie in ihre Überlegungen mit ein. Die Fähigkeit, konsequent zu planen und sich selbst dabei realistisch mit einzubeziehen, macht die Nativen zu unschlagbaren Strategen.

Prinzip: abgehobene Emotionalität

Konjunktion

Entspricht auch Mond im elften Haus und Uranus im vierten Haus

Diese Konstellation bedeutet das gleichzeitige Auftreten von Freiheitsdrang und Empfinden, von Unabhängigkeit und Emotion. Im Leben äußert sich die Verbindung der beiden Planetenprinzipien in einer ausgeprägten Neigung, sich in Gefühlsdingen von niemandem festlegen oder gar erpressen zu lassen. Auf äußeren Druck wird ein Mond-Uranus-Geborener mit ziemlicher Sicherheit das Gegenteil von dem tun, was andere von ihm erwarten. Seelische Unabhängigkeit ist den Menschen mit dieser Konstellation sehr wichtig. Wenn entsprechend traumatische Kindheitserfahrungen vorliegen, kann sich dies sogar in einem übermäßigen Misstrauen gegen jede Form von Anerkennung, Lob und Geschenken äußern. Ursache für dieses eigentümliche Verhalten ist die meist unbewusste Angst davor, »gekauft« zu werden und damit in eine seelisch-emotionale Abhängigkeit zu geraten.

Wenn solch extreme Verhaltensmuster in Erscheinung treten, dann kann mit an Sicherheit grenzender Wahrscheinlichkeit von einer dominanten und problematischen Mutterbindung ausgegangen werden. Meist war die Mutter mit ihrem Leben unzufrieden; sie fühlte sich relativ allein und hilflos und klammerte sich deshalb an ihre Kinder (insbesondere die mit Mond-Uranus-Konstellationen im Horoskop). Geschenke, Essen, Taschengeld und andere Dinge, die Kindern Freude machen, wurden von der Mutter eingesetzt, um den Nativen an sich zu binden. Äußerte die Mutter Wünsche, die das Kind nicht erfüllen wollte, so saß es in der Falle: Die Geschenke hatte es ja auch genommen, und so wäre jede Zurückweisung ein Zeichen von Undankbarkeit...

Damit wird aus psychologischer Sichtweise die eigentümlich

ablehnende Reaktion von Mond-Uranus-Geborenen auf Zuwendung vielleicht etwas verständlicher.

Auch wenn diese Muster nicht so ausgeprägt sind, wie oben beschrieben, so sind hier doch paradoxe Gefühlsreaktionen recht häufig. Viele Native machen sich zum Beispiel das Leben dadurch schwer, dass sie sich für die Erfüllung ihrer Wünsche (im Beruf, in der Partnerschaft) anstrengen, um dann, wenn sie endlich am Ziel sind, nichts mit dem Ergebnis anfangen zu können. Auch hier kann die unbewusste Angst davor vermutet werden, dass bei echten Bindungen Abhängigkeit und Enttäuschung bereits programmiert seien.

Menschen mit Mond-Uranus-Konjunktionen im Horoskop verfügen häufig über eine Art sechsten Sinn: Jede Form von Unstimmigkeit, Lügen, ausweichenden Reaktionen und dergleichen werden von ihnen fast schon seismografisch registriert und wahrgenommen. Diese Empfindungen müssen nicht bewusst werden, häufig äußern sie sich einfach in Form von Unruhe; der Native fühlt sich in der Situation nicht mehr wohl und versucht sie so schnell wie möglich wieder zu verlassen.

Diese Form der verfeinerten Wahrnehmung macht die Betreffenden allerdings auch recht störanfällig und empfindlich. Geräusche, eine fremde Umgebung, ungewohntes Essen, der Umgang mit vielen fremden Menschen können manche so heftig irritieren, dass ihr Wohlbefinden massiv eingeschränkt ist – ein Problem, das manchen Urlaub beeinträchtigen kann.

Spannungsaspekte (Opposition und Quadrat)

Entsprechen auch Spannungsaspekten zwischen den Herrschern von Haus elf und Haus vier

Menschen mit dieser Konstellation haben ein ausgesprochen sensibles Seelenleben, das durch äußere Störungen in großem Maße irritierbar ist. Die emotionale Überempfindlichkeit hat ihre frühkindliche Entsprechung in der Unvereinbarkeit des Wesens der

Mutter mit den erzieherischen Vorstellungen und dem Begegnungsverhalten des Vaters. Da sich das Kind am Vater orientieren möchte, gleichzeitig jedoch emotionale Geborgenheit bei der Mutter sucht und auch nur dort finden kann, gerät es in einen existenziellen Konflikt, der in diesem Entwicklungsstadium – und meist auch später – einer bewussten Bewältigung nicht zugänglich ist. In sehr schwerwiegenden Fällen wird die unbewältigte Elternproblematik in Form einer psychosomatischen Krankheit um das einundzwanzigste Lebensjahr zum Ausbruch kommen.

Problematisch kann diese Konstellation werden, wenn aus nervösen Störungen Identitätsgewinn gezogen wird, das heißt, wenn der Horoskopeigner Erkrankungen unbewusst als Mittel missbraucht, sich von anderen zu unterscheiden und als etwas Besonderes angesehen zu werden. In solchen Fällen kann sich vor allem bei Frauen eine Tendenz zu selbstzerstörerischen Verhaltensmustern entwickeln, die seelische und körperliche Zusammenbrüche regelrecht provozieren.

Auch wenn es sich hier um extreme Entsprechungen handelt, so werden sie sich doch in wesentlich milderer Form bei den meisten Nativen mit Spannungsaspekten zwischen Mond und Uranus wiederfinden.

Auffassungsgabe und -intensität stehen im gegensätzlichen Verhältnis zur seelischen Belastbarkeit. Wenn die Empfindsamkeit dieses Aspektes nicht überwunden wird oder keine anderen ausgleichenden Konstellationen hinzukommen, werden deshalb viele in ihrer beruflichen Entwicklung hinter ihren Möglichkeiten zurückbleiben.

Lernaufgabe und Herausforderung dieser Konstellation ist das Erlernen seelischer Unabhängigkeit. Als erwachsener Mensch ist es weder notwendig noch sinnvoll, seine Eigenart über die Eltern zu definieren. Das heißt, die Nativen sollten ihr Verhalten weder in positiver noch in negativer Hinsicht an den Eltern orientieren. Wenn man beispielsweise etwas tut, nur um damit bewusst oder unbewusst die Eltern zu ärgern, verhält man sich spätpubertär. Solches Tun ist wenig geeignet, um zu sich selbst zu finden.

Die eigene Individualität kann gesucht und gefunden werden, indem wir uns an den Freiheiten und Möglichkeiten orientieren, die prinzipiell allen Menschen offenstehen. Je mehr wir versuchen, davon umzusetzen, umso besser und schneller kann erfasst werden, was Teil des eigenen Wesens ist und was nicht. Wer diesen Prozess durchlaufen hat, definiert seine Empfindungen nicht mehr über die Zuwendung oder Ablehnung durch Dritte, sondern aus einer Position innerer Freiheit und Unabhängigkeit heraus. Dies macht unbelastete und angstfreie emotionale Beziehungen und Bindungen zu anderen Menschen möglich.

Harmonische Aspekte (Trigon und Sextil)

Entsprechen auch harmonischen Aspekten zwischen den Herrschern von Haus vier und Haus elf

Menschen mit dieser Konstellation wirken oft schon zu einem früheren Zeitpunkt als andere wie »fertige« Persönlichkeiten. Ein Grund hierfür mag sein, dass sie in ihrer Kindheit Bedingungen vorfanden, die für die Entwicklung ihrer seelischen Eigenart in besonderem Maße förderlich waren. Die unbelastete Art und Weise, in der sie eigene Ansichten und auch abweichende Standpunkte Erwachsenen gegenüber äußern, kann dann eine Reife vortäuschen, die noch gar nicht vorhanden ist. In einem anderen Umfeld und insbesondere in der späteren Entwicklung werden sie gelegentlich als kindisch und unangepasst gesehen. Das heißt, ein und derselbe Charakterzug, nämlich emotionale Offenheit und Individualität, werden einmal als Stärke, unter anderen Bedingungen aber als Manko aufgefasst. Entscheidend ist lediglich, ob der Beurteilende eine eher liberale oder eine mehr konservative Auffassung von Erziehung vertritt.

Auch im späteren Leben gelingt es den Nativen nicht immer, ihren ausgesprochenen Individualitätsdrang – zumindest, was ihre Empfindungen und Ansichten angeht – zu verbergen. Je nach Umgebung werden sie als harmlose Spinner oder aber als originelle und kreative Persönlichkeiten betrachtet.

Die größte Schwierigkeit dieses an sich problemlosen und positiven Aspektes liegt in einer gewissen Naivität der Nativen. Aufgrund mangelnder persönlicher Erfahrung wissen sie nicht, wie provozierend, sogar beängstigend und bedrohlich Meinungsäußerungen sein können, die bisherige vertraute Standpunkte infrage stellen. So machen sie sich ungewollt Feinde. Lernaufgabe und Herausforderung dieser Konstellation liegen in der Entwicklung der Fähigkeit, bei der Kommunikation mit anderen das Augenmerk auf Gemeinsamkeiten und nicht auf Unterschiede zu legen. Denn wie sollen sich andere ihnen nahe fühlen, wenn sie nicht wissen, was sie miteinander verbindet?

Mond-Neptun-Aspekte

Prinzip: überhöhte Empfindsamkeit

Konjunktion

Entspricht auch Mond im zwölften Haus und Neptun im vierten Haus

Die Konjunktion von Mond und Neptun entspricht einer extrem sensibilisierten Wahrnehmung. Diese außergewöhnliche Empfindungsfähigkeit lässt die Nativen Vorgänge und Ereignisse zu einem Zeitpunkt vorausahnen, an dem sonst noch niemand daran denkt. In allen Lebenslagen, in denen Intuition hilfreich ist, verschafft diese Konstellation einen unschätzbaren Vorteil. Viele erfolgreiche Glücksspieler und Börsenspekulanten haben Mond-Neptun-Verbindungen im Horoskop. Dennoch ist dieser Aspekt kein Freifahrtschein zum risikolosen Glücksspiel: Der sechste Sinn der Mond-Neptun-Konstellationen funktioniert nur, solange persönliche Absichtslosigkeit vorliegt, das heißt, solange wir kein Interesse am Gewinnen haben. Kommt persönliche Motivation ins Spiel, können Wunschdenken und Intuition nicht mehr voneinander unterschieden werden, und Irrtümer und Verluste sind programmiert.

Die Feinsinnigkeit dieser Konstellation lässt die Betroffenen gelegentlich unpraktisch erscheinen. In der Tat sind sie meistens Romantiker, die das Leben lieber idealisieren, als sich mit den Banalitäten des Alltags auseinanderzusetzen. Ihre übersteigerte Wahrnehmungsfähigkeit führt manchmal dazu, dass sich Wunschdenken und Realität in einer Weise vermischen, dass es unmöglich wird, beide wieder zu trennen. Hieraus können sich Stimmungen und Ansichten ergeben, die für die persönliche Umwelt nicht mehr nachvollziehbar sind. Das heißt nicht, dass die Nativen besser verstünden, was davor sich geht, schließlich sind sie es, die mit ihrem Wunschdenken übermäßig identifiziert sind. Um einen klaren Kopf zu behalten, ist es sinnvoll, sich mit künstlerischen Dingen, insbesondere der Malerei, zu beschäftigen. Außerdem sollte der Umgang mit allzu unsensiblen Menschen vermieden werden, da Grobheit in jeder Form dem empfindlichen Nervensystem der Mond-Neptun-Geborenen schadet. Das ist der Preis für ihre außerordentliche Wahrnehmungsfähigkeit.

Neben dem Erlernen von Entspannungstechniken wie Yoga oder autogenem Training ist eine ruhige Umgebung – vorzugsweise am Wasser – wohltuend und für die persönliche Entwicklung von Vorteil.

Spannungsaspekte (Opposition und Quadrat)

Entsprechen auch Spannungsaspekten zwischen den Herrschern von Haus vier und Haus zwölf

Schon sehr viel wurde über die Freisetzung von Psi-Kräften durch Neptun-Konstellationen geschrieben. Das gilt vor allem für seine Aspekte zum Mond. Niemandem mit Spannungsaspekten zwischen Mond und Neptun soll die Fähigkeit abgesprochen werden, tatsächlich über übersinnliche Fähigkeiten zu verfügen. Obwohl derartige Kräfte unbestreitbar existieren, hat sich in der Praxis doch gezeigt, dass sie bei den meisten Menschen lange und diszipliniert geschult werden müssen, um einigermaßen sinnvoll angewandt werden zu können. Zweifellos neigen Native mit diesem Aspekt im Horoskop dazu, Ahnungen zu haben, doch ohne entsprechende Übung sind sie nicht in der Lage festzustellen, ob es sich hier um Ängste, Wunschdenken oder eben tatsächlich mediale Erfahrungen handelt. Gerade weil sich der Horoskopeigner im Nachhinein daran erinnert, wie sich Träume oder Visionen bestätigt haben, ist es nur allzu verlockend, in Situationen auf seine Eingebungen zu vertrauen, wo er dies besser unterließe.

Besonders bei dieser Konstellation liegen außergewöhnliche Intuition und die Gefahr, das Opfer von Illusionen und Einbildungen zu werden, sehr eng beieinander. Während viele in der Lage sind, Zusammenhänge zu erspüren, die manch einem schier unglaublich erscheinen mögen, sind sie in anderen Situationen naiv genug, auf die simpelsten Bauernfängertricks hereinzufallen. Dies hängt damit zusammen, dass die Nativen zwar sehr gut Zusammenhänge wahrnehmen können, die außerhalb ihrer Persönlichkeit liegen, sie aber gleichzeitig immense Schwierigkeiten haben, ihre eigenen emotionalen Prozesse zu verstehen. So werden sie leicht das Opfer von Leuten, die sich auf die Manipulation von Gefühlen verstehen. Die Nativen sind deshalb gut beraten, wenn sie ihre Menschenkenntnis anderen anbieten, sich jedoch davor hüten, diese auf sich selbst anzuwenden. Hier sollten sie einfachen logischen Überlegungen oder besser noch dem Rat eines guten Freundes mehr vertrauen.

Harmonische Aspekte (Trigon und Sextil)

Entsprechen auch harmonischen Aspekten zwischen den Herrschern von Haus vier und Haus zwölf

Menschen mit diesem Aspekt im Horoskop sind emotional außerordentlich empfänglich und hochsensibel. Dabei verlieren sie jedoch nie den praktischen Bezug zur Realität. Oft haben sie eine besondere künstlerische Begabung, vor allem in der Musik. Diese Fähigkeit wird zwar in den meisten Fällen erkannt, jedoch nur selten auch wirklich ausgebildet. Verursacher sind hier meist die

Horoskopeigner selbst, da sie in Kindheit und Jugend nicht die Motivation aufbringen konnten, konsequent zu üben und zu trainieren. Dennoch behalten sie oft ein Leben lang die Vorliebe für die schönen Künste bei. Manche von ihnen werden regelrechte Kunstkenner oder -Sammler.

Meist besteht eine enge seelische Beziehung zur Mutter oder zu einer weiblichen Bezugsperson, die diese Position für die Nativen eingenommen hat. Aus ihr beziehen sie Kraft, wenn sie einmal besonders starken emotionalen Belastungen ausgesetzt sind.

Obwohl nur sehr wenige Menschen behaupten können, sie wirklich gut zu kennen, erfreuen sie sich doch meist einer außergewöhnlichen Beliebtheit. Dies gilt insbesondere, wenn sie im Licht der Öffentlichkeit stehen, was sie gerne tun, wenn dabei ihr Privatleben nicht gefährdet wird.

Bei harmonischen Mond-Neptun-Aspekten kommt es immer wieder zu dem seltsamen und interessanten Phänomen, dass andere Personen, die den Nativen mit heimlichen Intrigen und Manipulationen schaden wollten, ihnen stattdessen ungewollt nützen und ihre Karriere fördern.

Mond-Pluto-Aspekte

Prinzip: emotionale Dogmatik

Konjunktion

Entspricht auch Mond im achten Haus und Pluto im vierten Haus

Die Konjunktion von Mond und Pluto entspricht einer extrem konzentrationsfähigen Wahrnehmung. Diese außergewöhnliche Empfindungsfähigkeit lässt die Nativen lediglich das zur Kenntnis nehmen, was sie auch wahrnehmen wollen. In allen Lebenslagen, in denen Konzentrationsfähigkeit hilfreich ist, kann diese Konstellation von unschätzbarem Vorteil sein. Die Einschränkung von

Außenreizen muss dann allerdings bewusst steuerbar sein, was durchaus nicht immer der Fall ist. Viele Native sind Opfer ihrer eigenen ausschließenden Wahrnehmungsfähigkeit, indem sie in bestimmten Situationen die Gefangenen ihrer eigenen Sichtweise werden und niemand sie von etwas anderem überzeugen kann. Zum Beispiel kann jemand in einer Prüfung von seinen mangelnden Fähigkeiten und seinem daraus resultierenden Scheitern so eingenommen sein, dass es unmöglich ist, ihm zu zeigen, wo seine Chancen und Fähigkeiten liegen. Somit wird bei derartigen Gelegenheiten aus einer besonderen Stärke eine bedauernswerte Schwäche: Die Nativen können eben auch alle positiven Einflüsse so ausblenden, dass ihnen keiner ihr Versagen nehmen kann. Mond-Pluto-Geborene haben keine Vorliebe für Zwischentöne, ihnen liegt mehr das Schwarz-Weiß-Denken: Alles ist entweder gut oder schlecht. Hierin liegt einmal die Stärke, komplexe Zusammenhänge auf ihren wesentlichen Kern zu reduzieren, unüberschaubare Probleme verständlich und beurteilbar zu machen. Andererseits besteht natürlich die Gefahr der unzulässigen Vereinfachung. Entscheidend sind hier das Thema und das persönliche Niveau.

Falls keine Neptun- oder Uranus-Konstellationen dem im Wege stehen, gelingt es den Nativen immer eindeutig, Stellung zu beziehen und anderen ihren Standpunkt unmissverständlich zu verdeutlichen. Jeder weiß bei ihnen also, woran er ist. Sie lassen sich weder auf Aufgaben noch auf Menschen allzu schnell und intensiv ein. Haben sie jedoch einmal wirklich Feuer gefangen, sind sie zu einer in ihrer Unbedingtheit fast schon erschreckenden Leidenschaftlichkeit fähig, die keinerlei Kompromisse zulässt.

Spannungsaspekte (Opposition und Quadrat)

Entsprechen auch Spannungsaspekten zwischen den Herrschern von Haus vier und Haus acht

Spannungsaspekte zwischen Mond und Pluto sind im Allgemeinen ein deutlicher Hinweis darauf, dass der Horoskopeigner bereits in der frühen Kindheit unter überzogener Kritik zu leiden hatte. Unabhängig davon, ob diese offen oder versteckt stattfand, haben die Nativen daraufhin zum Selbstschutz die Fähigkeit entwickelt, Unerwünschtes zu überhören. Auf Vorwürfe, denen sie sich nicht entziehen können, reagieren sie allerdings mit starken Schuldgefühlen, die ihr seelisches Wohlbefinden erheblich einschränken können. Überhaupt sind sie durch moralische Vorhaltungen in hohem Maße manipulierbar, was mit ihrem ausgeprägten Hang zu Selbstzweifeln zusammenhängt.

Der Machtmissbrauch in der Kindheit durch – meist weibliche Erziehungsberechtigte – erzeugte eine permanente innere Anspannung, in der sie jeden Moment damit rechneten, für ein Fehlverhalten zur Rechenschaft gezogen zu werden. Diese Haltung wird derart verinnerlicht, dass sie auch im späteren Leben nur teilweise aufgegeben werden kann. Drohungen werden vermutlich ein Leben lang heftigere Reaktionen als bei anderen auslösen können. So gibt es Fälle, bei denen schon ein lautes Wort des Partners ausreicht, um Angstzustände bis hin zur Panik auszulösen. Viele Native leiden unter Phobien, wobei hier die Angst vor Spinnen besonders häufig vorkommt.

Diese Problematik kann durch eine intensive Auseinandersetzung mit dem Thema »Perfektion« angegangen und letztlich auch überwunden werden. Schuldgefühle konnten nur deshalb in die Nativen eingepflanzt werden, weil ihnen gleichzeitig vermittelt wurde, sie seien »nicht gut genug«. Wirkliche Böswilligkeit hätte ihnen niemand unterstellen können, da ihnen im Gegenteil ja viel daran lag, die Erwartungen der Eltern zu erfüllen. Sich nicht genug Mühe gegeben zu haben, kann man dagegen immer jemandem vorwerfen, denn wer würde ernstlich bestreiten, dass noch größere Anstrengungen möglich gewesen wären? Wir können uns niemals sicher sein, wirklich unser Bestes gegeben und nichts unversucht gelassen zu haben. Auf diesen Boden sät man Schuldgefühle. Wenn wir jedoch zu begreifen beginnen, dass Unmögliches von uns verlangt wurde, dass die Eltern von uns eine Vollkommenheit verlangten, die sie selbst beileibe nicht hatten, dann kann ein Heilungsprozess einsetzen. Einen Schritt weiter kommen wir, wenn wir das Nichtperfekte als das Lebendige und damit Menschliche zu erkennen beginnen. Perfektion ist allem Lebendigen fremd. Perfektion ist damit etwas Totes, Maschinelles. Selbst wenn es einem Menschen gelänge, wie eine Maschine zu agieren, so wäre diese bewundernswerte Leistung doch nur ein Rückschritt in der persönlichen Entwicklung, da sich Automaten gewiss auf einer niedrigeren Verwirklichungsebene als Menschen befinden. Wenn dies verstanden wurde, kann Zugang zu den archetypischen Bildern von Macht und Gewalt erlangt werden, und Hass und Wut auf die Eltern und andere Unterdrücker werden in den Nativen übermächtig. Diese Gefühle werden einem helfen, wirklich zu verstehen, mit welchem Menschen sie unter welchen Bedingungen zu tun haben möchten und können. Von manchen wird der Native sich endgültig trennen, mit anderen wird eine Aussöhnung möglich sein. Nachdem auch dieser Schritt vollzogen wurde, ist er frei.

Harmonische Aspekte (Trigon und Sextil)

Entsprechen auch harmonischen Aspekten zwischen den Herrschern von Haus vier und Haus acht

Harmonische Aspekte zwischen Mond und Pluto haben eine ganz besondere Qualität, entsprechen sie doch einer Verbindung des schnellsten mit dem langsamsten Planeten. Auch in anderer Hinsicht bestehen zwischen beiden Prinzipien solch ausgeprägte Gegensätze, dass es einem schwerfallen kann, sich vorzustellen, wie denn eine harmonische Verwirklichung aussehen könnte. Untersuchungen von Horoskopen bekannter und weniger bekannter Persönlichkeiten, die diese Planetenverbindung im Horoskop aufweisen, helfen hier weiter.

Auffallend ist die Vielzahl von bedeutenden Literaten. Albert Camus, Jean-Paul Sartre und Michael Ende weisen beispielsweise Trigone zwischen Mond und Pluto in ihren Horoskopen auf. Bei ihnen zeigt sich exemplarisch die Fähigkeit der Nativen, kraftvolle emotionale Bilder zu schaffen, die in die Form von Romanfiguren gegossen wurden.

Menschen mit dieser Konstellation verfügen über eine außerordentliche Empfindungsfähigkeit, die sie in eine individuelle Symbolsprache übersetzen. Auf diese Weise ergibt sich ein in vielen Fällen phänomenales Gedächtnis. Sie müssen sich nur daran erinnern, wie sie sich in einer bestimmten Situation gefühlt haben, schon fallen ihnen auch alle anderen Begleitumstände ein.

Ohne dogmatisch zu sein, sind sie doch in allen Gefühlsdingen klar und eindeutig. Was sie mögen, mögen sie, was ihnen missfällt, missfällt ihnen eben. Einmal eingenommene Standpunkte werden, sofern es um emotionale Einstellungen geht, im Leben nur ausgesprochen selten verändert. So sind sie, obwohl sie aufgrund ihrer höchst ungewöhnlichen Empfindungsfähigkeit von manchen als eigenbrötlerisch oder gar kauzig angesehen werden, in Wirklichkeit doch gut verstehbare und im Emotionalen berechenbare Menschen.

Merkur-Aspekte

Merkur-Venus-Aspekte

Prinzip: ausgleichendes Denken

Konjunktion

Entspricht auch Merkur im zweiten und siebten Haus und Venus im dritten und sechsten Haus

Es herrscht Identität von Denken und Begegnungsfähigkeit, die Verknüpfung von Pragmatik und Ästhetik. Menschen mit dieser Konstellation können selbst Unangenehmes oder Langweiliges so formulieren, dass es schön und interessant klingt. Fast immer besteht die Fähigkeit, sich so auszudrücken, dass man auch wirklich verstanden wird.

Die Nativen mussten als Kinder vielfach mit einem Mangel an persönlicher Eigenständigkeit zurechtkommen. Meist wurden sie von mindestens einem Elternteil moralisch erpresst, etwa durch Krankheit oder Lebensangst; infolgedessen wurde das Äußern eigenständiger abweichender Ansichten und eigener Wünsche zum größten Tabu den Eltern (oder einem Elternteil) gegenüber.

Aus dem Defizit entwickelt sich allerdings eine bemerkenswerte Fähigkeit zur Diplomatie, welche die Nativen oft zu den besten Vermittlern überhaupt macht. Leider hat diese Stärke aber auch ihre Kehrseite: Die Nativen können nur schwer nein sagen, unmissverständliche persönliche Meinungsäußerungen werden wir von ihnen, auch wenn sie erwachsen sind, nur selten zu hören bekommen. So fällt es schwer, ihnen gerecht zu werden und ihre Wünsche zu erfüllen: Der andere kennt sie einfach nicht ...

Venus-Merkur-Verbindungen – insbesondere Konjunktionen – sind oft ein Hinweis auf ein besonderes Sprachtalent und eine wohlklingende Stimme. Dolmetscher, Sprecher, Übersetzer, Fremdsprachenkorrespondenten sowie in der Kosmetik- und Kunstbranche Tätige haben diesen Aspekt überzufällig häufig in ihrem Horoskop.

Spannungsaspekte (Opposition und Quadrat)

Entsprechen auch Spannungsaspekten zwischen den Herrschern von Haus drei und sechs und Haus zwei und sieben

Zwischen Merkur und Venus sind aus astronomischen Gründen keine Spannungsaspekte möglich.

Harmonische Aspekte (Trigon und Sextil)

Entsprechen auch harmonischen Aspekten zwischen den Herrschern von Haus drei und sechs und Haus zwei und sieben

Der einzige mögliche harmonische Aspekt zwischen Merkur und Venus ist das Sextil. Diese Konstellation deutet meist auf ausgeprägte gesellige Neigungen hin. Am liebsten verbringt der Horoskopeigner seine Zeit im Freundeskreis. Da die Nativen im Umgang mit anderen ausgeglichen und harmoniebetont sind, kommt fast jeder gut mit ihnen aus und sie können sich in allen Gesellschaftskreisen problemlos bewegen.

Ihre Art, sich freundlich und verbindlich zu geben, kann dazu führen, dass sie von manchen als profillos und langweilig eingeschätzt werden. Andere glauben vielleicht sogar, sie ausnutzen zu können. Menschen mit diesem Aspekt mögen jedoch lediglich keine unnötigen Auseinandersetzungen. Sollte ein Streit hingegen wirklich einmal unvermeidlich sein, so wehren sie sich ihrer Haut mit einer Intensität, dass ihren Kritikern im Zweifel Hören und Sehen vergeht.

In der Regel haben sie jedoch ein so feines Gespür für die ihnen zusagende Umgebung, dass sie ungeeignete Kontakte abbrechen und sich umorientieren, bevor es überhaupt zu Spannungen kommt.

Merkur-Mars-Aspekte

Prinzip: aggressives Denken

Konjunktion

Entspricht auch Merkur im ersten Haus und Mars im dritten und sechsten Haus

Aspekte zwischen Merkur und Mars symbolisieren die Gleichzeitigkeit von Denken und konkurrenzorientiertem Handeln, die Verknüpfung von Pragmatik und Gewinnermentalität. Ein »zupackender« Verstand, der stets auf seinen Vorteil aus ist. Menschen mit dieser Konstellation besitzen oft die eigentümliche Gabe, auch die erfreulichste Nachricht so zu formulieren, dass es sich wie eine Katastrophe anhört. Dies ist ein Aspekt ihres besonderen Humors, der allerdings nicht von allen verstanden und geschätzt wird.

Fast immer besteht ein Hang zu ironisch-sarkastischen Formulierungen, die mit spitzer Zunge zum Besten gegeben werden. Mancher mit einer solchen Konstellation hat sich auf diese Weise schon um Kopf und Kragen geredet. Da generell die Neigung besteht, in vielen Situationen schneller zu sprechen als zu denken, sollten Mäßigung und Zurückhaltung im Verbalen trainiert werden. Schließlich kann eine unbedachte Äußerung sehr viel mehr Schaden anrichten als ein zu langes Schweigen.

Die Nativen sind in den meisten Fällen überdurchschnittlich sprachbegabt, was sie sich, insbesondere bei ihrer Vorliebe für Ironie und Sarkasmus, auch beruflich als Journalisten und Kommentatoren zunutze machen können. Der Hang zu scharfen Formulierungen ist im Beruflichen grundsätzlich am besten aufgehoben. Hier weiß der Leser oder Hörer Ironie und Sarkasmus, das eine oder andere doppeldeutige Bonmot zu schätzen. Im persönlichen Umfeld hingegen wird diese Neigung nur selten honoriert, im Extremfall gehen manche sogar einem Gespräch mit den Nativen aus dem Weg, um sich keine verletzenden Äußerungen anhören zu müssen.

Viele Menschen mit einer Merkur-Mars-Konjunktion im Horoskop haben eine besondere Begabung für analytisches Denken, solange die Aufgabenstellung nicht allzu viel Ausdauer verlangt. Bei dieser Konstellation handelt es sich eher um intellektuelle Sprinter, die kurzfristig Höchstleistungen vollbringen können, danach jedoch erschöpft eine Pause brauchen.

Spätestens in der Pubertät haben sich die meisten aufgrund einer für sie unbefriedigenden Beziehung innerlich von ihrem Elternhaus gelöst. Echte Auseinandersetzung, Diskussionen, Konfrontation, aber auch Solidarität sind Erfahrungen, die ein Jugendlicher in der Beziehung zu Erwachsenen sammeln muss, um selbstständig werden zu können, ohne sein Urvertrauen zu verlieren. Da diese Auseinandersetzung bei Merkur-Mars-Konstellationen kaum stattfindet, begeben sich die Nativen nur zu leicht in eine verfrühte Scheinselbstständigkeit. Der Horoskopeigner gibt sich schon als Jugendlicher markig, aggressiv und erwachsen. Da Menschen mit dieser Konstellation echte Schnelldenker sind und sie auf alle Umweltreize hochsensibel reagieren, nehmen Freunde, Mitschüler und Bekannte ihnen dieses Rollenspiel in vielen Fällen auch ab.

Insbesondere Männer bleiben jedoch emotional in ihrer Entwicklung stecken, sie verharren quasi in einer chronischen Pubertät. Dies äußert sich in kindlichen Verhaltensweisen, der Einstellung eines Jugendlichen, der gegen die Erwachsenenwelt revoltiert, obwohl er doch selbst schon lange dieser Welt angehört. Dies wäre eigentlich ein Alarmsignal, wird in der Umgebung jedoch häufig als Spontaneität oder Kreativität missverstanden.

Erst tief greifende Schockerlebnisse im vierten Lebensjahrzehnt, wie Todesfälle in der Familie, schwere Krankheit oder Ähnliches, leiten die Überwindung dieser Phase ein. Manche werden unter entsprechenden Umständen über Nacht erwachsen.

Andere, denen diese unangenehmen Erfahrungen erspart bleiben, lernen möglicherweise nie, die für ein selbstbestimmtes Leben notwendige emotionale Reife zu erlangen. Sie bleiben oft charmante und faszinierende, aber innerlich doch zerrissene »große Kinder«, deren hohe intellektuelle oder kreative Fähigkeiten in keinem Verhältnis zum Entwicklungsgrad ihrer Emotionen stehen.

Spannungsaspekte (Opposition und Quadrat)

Entsprechen auch Spannungsaspekten zwischen den Herrschern von Haus drei und sechs und Haus eins

Spannungsaspekte zwischen Merkur und Mars entsprechen dem Widerspruch zwischen Denken und konkurrenzorientiertem Handeln, der Unvereinbarkeit von Pragmatik und Gewinnermentalität. Menschen mit dieser Konstellation haben oft Schwierigkeiten, ihre Gedanken so zu formulieren, dass sie von anderen auf die Art verstanden werden, wie sie es sich wünschen. Andere fühlen sich durch die Äußerungen der Nativen überdurchschnittlich häufig verletzt, meist ohne dass diese es bemerken.

Fast immer besteht ein Hang zu vorschnellen oder aggressiven Formulierungen. Unsicherheit wird mit ironisch-sarkastischen Sprüchen überspielt. Leider wirken sie hier oft nicht wie gewünscht, witzig oder gar originell, sondern lediglich boshaft und gemein. So geht manche vielversprechende persönliche Beziehung und Freundschaft in die Brüche oder kommt gar nicht erst zustande. Ein Umstand, unter dem die Nativen wesentlich mehr leiden, als sie zuzugeben bereit sind oder die Menschen in ihrer Umgebung ahnen.

Spannungsaspekte zwischen Merkur und Mars deuten auf die Schwierigkeit hin, eigene Gedanken angemessen zu formulieren und durchsetzen zu können. Gelegentlich kann die Meinung der Nativen derart missverstanden werden, dass sie sogar Applaus von der falschen Seite erhalten.

Die Erfahrung, eigene Überzeugungen einem anderen nicht eindeutig mitteilen zu können, führt zu Selbstzweifeln und ohnmächtiger Wut, die sich in gelegentlichen cholerischen Ausbrüchen entlädt.

Menschen mit dieser Konstellation mussten als Kinder vielfach mit einem Mangel an Anerkennung und fairen, das heißt bewältigbaren Herausforderungen zurechtkommen. Oft wurden sie von mindestens einem Elternteil, in der Regel dem Vater, ignoriert und nicht ernst genommen bzw. permanent kritisiert und zurechtgewiesen. In besonders schweren Fällen waren die Kinder dem permanenten elterlichen Spott ausgesetzt. So mussten sie schon frühzeitig und am eigenen Leibe erfahren, was für wirkungsvolle Waffen Worte sein können. Verbale Demütigungen durch Eltern, Lehrer, Klassenkameraden und Freunde werden in vielen Fällen zu einem Gefühl völliger Hilflosigkeit geführt haben. Die Nativen waren den Spötteleien nicht gewachsen, sie waren nicht schlagfertig und selbstbewusst genug, um sich angemessen zu wehren. Die maßlose, verzweifelte Wut auf alle, die sich auf ihre Kosten amüsierten, konnte nicht adäquat ausgelebt werden, da die Gegner als übermächtig und »unbesiegbar« empfunden wurden. So richtete die Aggression sich gegen sie selbst, was sich in psychosomatischen Störungen, aber auch in Sprachhemmungen wie Lispeln oder Stottern äußern mochte.

Lernaufgabe ist es hier, einen angemessenen Zugang zu den eigenen Aggressionen zu finden. Die permanent provozierten Missverständnisse zeigen, dass unbewusst eine Unterlegenheitshaltung eingenommen wird, da der Horoskopeigner immer noch Angst hat, für die eigene Stärke bestraft zu werden. Erst wenn all seine Persönlichkeitsanteile verstanden haben, dass die Ohnmachtssituation der Kindheit und Jugend vorbei ist, wird er die eigenen Überzeugungen mit der gebotenen Deutlichkeit vertreten können.

Harmonische Aspekte (Trigon und Sextil)

Entsprechen auch harmonischen Aspekten zwischen den Herrschern von Haus drei und sechs und Haus eins

Der Umgang mit anderen Menschen fällt den Nativen leicht, sie finden in jeder Situation die richtigen Worte. Das Sprachverständnis ist meist außergewöhnlich gut ausgeprägt, das heißt, die

Horoskopeigner haben keine Mühe, Sinnzusammenhänge zu formulieren oder auch Fremdsprachen zu erlernen.

Die Gabe, in Wort und Schrift allgemeinverständlich und überzeugend sein zu können, wird von den unter diesem Aspekt Geborenen oft so selbstverständlich erlebt, dass dieses Talent nicht in dem Maße gefördert wird, wie dies möglich und sinnvoll wäre. Wie bei allen harmonischen Aspekten besteht hier die Gefahr einer gewissen Laxheit: Mancher genießt die Vorzüge dieser Konstellation, ohne ihre Weiterentwicklung aktiv voranzutreiben. Wenn keine entsprechenden Außenreize ein Training der angeborenen Fähigkeiten im sprachlichen, künstlerischen, ästhetischen und zwischenmenschlichen Bereich erzwingen, ist ein Verkümmern der genannten Talente schon vorprogrammiert.

Menschen mit dieser Konstellation wuchsen oft in einer Umgebung auf, in der etwa gleichaltrige Bezugspersonen (Freunde, Clique) prägenden Einfluss hatten. Dieser wurde fast immer als positiv erlebt.

Merkur-Jupiter-Aspekte

Prinzip: raumgreifendes Denken

Konjunktion

Entspricht auch Merkur im neunten Haus und Jupiter im dritten und sechsten Haus

Die Konjunktion von Merkur und Jupiter symbolisiert die Analyse und Synthese von Gedankengängen. So besteht hier meist eine natürliche Freude am Denken, am Lernen und Lehren. Auch wenn manche Menschen mit dieser Konstellation in ihrem Leben viel Weisheit erwerben, so bleiben sie doch, was ihre Neugier und ihren Wissensdurst angeht, wie Kinder. Oft kann die Umgebung gar nicht genügend Informationen und Reize zur Verfügung stellen, um ihren ungeheuren Wissensdurst zu befriedigen. Bevorzugt wird immer die Gesamtschau, niemals das Detail. Die Themenfülle, der sich die Horoskopeigner aussetzen, ist viel zu groß, um eine gründliche Beschäftigung mit Kleinigkeiten zuzulassen. Dafür sind sie ihnen einfach nicht wichtig genug. Da eine gewisse Großzügigkeit im Denken und Mitteilen besteht, können Wissenslücken leicht durch Übertreibungen und fantastische Ergänzungen ausgeglichen werden. Bei dem, was sie berichten, kommt es weniger darauf an, ob die Geschichte wahr ist – sie muss vor allen Dingen gut und noch besser erzählt sein. Den meisten geschähe allerdings Unrecht, wollten wir ihnen einen Hang zum Lügen unterstellen, auch wenn es sicherlich Fälle eines ausgeprägten Münchhausensyndroms gibt. Es ist angemessener, wenn wir ihren toleranten Umgang mit der Wahrheit in die Rubrik »dichterische Freiheit« einordnen, liegt doch in der Regel keinerlei Betrugsabsicht vor. Wir alle haben unsere kleinen narzisstischen Eitelkeiten, doch Menschen mit dominanten Merkur-Jupiter-Konstellationen verkaufen sie mit Abstand am besten und am unterhaltsamsten.

Spannungsaspekte (Opposition und Quadrat)

Entsprechen auch Spannungsaspekten zwischen dem Herrscher von Haus drei und sechs und von Haus neun

Hier ist oft der Gedankenreichtum größer als die Fähigkeit, ihn auszuformulieren. Spannungsaspekte zwischen Merkur und Jupiter können auf Lern- und Konzentrationsstörungen hinweisen. Ursache ist dabei der Hang, sich für allzu viele Interessensgebiete zu begeistern, sodass die Gefahr besteht, den Überblick zu verlieren und die Dinge durcheinanderzubringen. Manche mögen dann wie der sprichwörtliche zerstreute Professor wirken. In vielen Fällen besteht ein außerordentlicher Geltungs- und Selbstdarstellungsdrang. Der Horoskopeigner redet gerne und viel und genießt es, wenn die eigenen Gedankengänge Beachtung und Anerkennung finden. Nicht immer wird dabei das Interesse der Zuhörer richtig eingeschätzt. Die Merkur-Jupiter-Geborenen können beim Erzählen so in Fahrt kommen, dass sie überhaupt nicht mehr bemerken, wie sie ihr Publikum überfordern oder gar langweilen.

Eine Schwierigkeit dieser Konstellation ist die oft falsche Selbsteinschätzung der Nativen. Obwohl sie sich in ihrer persönlichen Umgebung meist durchaus selbstbewusst geben, leiden sie doch unter dem Gefühl, nicht ausreichend beachtet und anerkannt zu werden. Um dies auszugleichen, werden dann die eigenen Leistungen und Vorzüge etwas zu deutlich herausgestellt. Der Hang zu Übertreibungen führt lediglich dazu, dass sie ein wenig unglaubwürdig wirken und viele ihren Äußerungen keine besondere Bedeutung beimessen. So erreichen sie also das Gegenteil von dem, was sie eigentlich bezwecken. Oft sind langjährige schmerzhafte Lernerfahrungen notwendig, um diesen Teufelskreis zu überwinden.

Lernaufgabe und Herausforderung ist die Notwendigkeit, andere Menschen, insbesondere Freunde und Partner, intensiver wahrzunehmen und beachten zu lernen. Nur so kann sich ein Gefühl dafür entwickeln, wie wir wirklich von anderen erlebt werden. Unnötige Übertreibungen werden überflüssig, und der Wunsch zur Selbstinszenierung kann zum Beispiel durch humorvolle Anekdoten oder sogar durch die Teilnahme an einer Theatergruppe ausgelebt werden.

Harmonische Aspekte (Trigon und Sextil)

Entsprechen auch harmonischen Aspekten zwischen dem Herrscher von Haus drei und sechs und von Haus neun

Falls keine anderen Aspekte dem deutlich widersprechen, haben die unter dieser Konstellation Geborenen die beneidenswerte Fähigkeit, sich in jeder Umgebung im besten Licht darstellen zu können. Ohne dass sie etwas Besonderes unternehmen zu müssten, halten andere Menschen sie sehr schnell für kompetente und sympathische Persönlichkeiten, zu denen sie gerne in Kontakt treten.

Die angeborene Begabung, eigene Standpunkte so zu formulieren, dass sie zwar beeindrucken, aber Andersdenkende nicht vor den Kopf stoßen, macht sie zu begehrten Gesprächs- und Diskussionspartnern.

Da sich höherentwickelte Persönlichkeiten mit dieser Konstellation oft eine erstaunlich umfangreiche und profunde Allgemeinbildung erworben haben, ohne dabei dogmatisch oder besserwisserisch zu sein, werden sie auch gerne als Vermittler in Auseinandersetzungen akzeptiert. Sie verstehen es, glaubwürdig und unparteiisch die Gemeinsamkeiten unterschiedlicher Standpunkte hervorzuheben, so dass gelegentlich sogar die Aussöhnung zwischen verfeindeten Parteien gelingt.

Wer einen harmonischen Aspekt zwischen Merkur und Jupiter im Horoskop aufweist, setzt sich nicht mit Dingen auseinander, deren Nutzen er nicht begreift. Hierbei geht es allerdings weniger um praktische Verwertbarkeit als um die sinnhafte Bedeutung. Manchen mögen der Alltag und die meist nicht vorhandenen spirituellen Herausforderungen im Beruf in ihrer Trivialität langweilen. Es ist natürlich verständlich und anerkennenswert, wenn jemand sich am liebsten nur mit erbaulichen und großartigen Themen und Aufgaben auseinandersetzen möchte. Da für die meisten von uns jedoch ein Großteil des Lebens aus Alltag besteht, sollten wir lernen, unserem täglichen Tun eine größere Bedeutung einzuräumen. Wenn wir verstehen, dass selbst Phasen eines unbefriedigenden Einerleis Teil eines übergeordneten Ganzen sind, ohne die wir und unsere Mitmenschen nicht existieren könnten, sind wir in der Lage, auch diesen Lebensbereich als befriedigend und erfüllend zu erleben.

Prinzip: strukturiertes Denken

Konjunktion

Entspricht auch Merkur im zehnten Haus und Saturn im dritten und sechsten Haus

Die Konjunktion von Merkur und Saturn symbolisiert die Verbindung von Denken und Struktur, von Bewegung und Form. Im günstigen Falle wird hier ein allzu beweglicher Geist in geordnete Bahnen gebracht, was größere Ernsthaftigkeit, Ausdauer und Tiefe des Intellekts mit sich bringt.

Im weniger günstigen Falle besteht eine »geistige Blockade«; das heißt, insbesondere traumatische Ereignisse in der Kindheit und Pubertät führten zu einer selbst gewählten, schützenden Beschneidung des eigenen geistigen Freiraums.

Sowohl innere Hemmung als auch intellektuelle Konzentration führen zu einem erhöhten Mitteilungsbedürfnis, das sich, ist erst einmal das Eis gebrochen, recht heftig Bahn bricht. Oft möchten wir aus Unsicherheit oder mangels geeigneter Themen reden, jedoch nichts sagen – dann entstehen »englische Gespräche«; das heißt, mancher spricht aus Verlegenheit über das Wetter und andere ähnlich aufregende Dinge.

Menschen mit dieser Konstellation waren als Kinder oft das fünfte Rad am Wagen, sie fanden nicht die Aufmerksamkeit, nach der sie sich sehnten. Ursache sind hier häufig dominantere Geschwister oder Eltern, die zu sehr mit sich selbst beschäftigt waren, um ihrem Kind größere Bedeutung zu schenken. Fast immer ergibt sich hieraus eine sogenannte »narzisstische Kränkung«: Das allen Menschen angeborene Bedürfnis, auch einmal im Mittelpunkt stehen zu wollen, sich zu produzieren und dafür Anerkennung und Bewunderung zu ernten, wurde in der Kindheit und Pubertät durch die Umgebung in einer Weise unterdrückt, dass es für viele

Menschen mit einer Merkur-Saturn-Konstellation zu einem zentralen Lebensthema wird.

Kein Bedürfnis ist dann größer als der Wunsch, durch die eigene physische Erscheinung, durch Showtalente wie Gesang, Tanz oder Akrobatik, ein Publikum begeistern zu können und so einen angemessenen Ausgleich für die Missachtung in der Kindheit zu schaffen. Es ist grundsätzlich bemerkenswert, wie sehr sich die in der Showbranche erwünschten Fähigkeiten mit kindlichen Selbstdarstellungstendenzen decken: In beiden Bereichen stehen Singen und Tanzen, sich körperlich zur Schau zu stellen und das Vortragen von Texten im Vordergrund.

In der Tat finden sich bei fast allen Showtalenten Merkur-Saturn-Konstellationen im Horoskop, auch wenn der Umkehrschluss nicht gilt. In tiefenpsychologischer Hinsicht wäre es sicherlich einmal interessant zu untersuchen, inwieweit eine narzisstische Kränkung die Ursache für das Bedürfnis ist, in der Unterhaltungsbranche Karriere zu machen.

Natürlich führt nicht jede Merkur-Saturn-Konstellation zu einem gesteigerten Selbstdarstellungsdrang. In manchen Fällen ergibt sich im Gegenteil eine schon fast übertriebene Zurückhaltung, welche die Nativen allerdings gerade deswegen recht auffällig erscheinen lässt. Es ist ein wenig wie bei der Zivilstreife in gewissen Etablissements: Sie sind so unauffällig, dass sie genau aus diesem Grund erkannt werden. Insbesondere eher schüchterne und/oder intellektuell orientierte Persönlichkeiten versuchen in ihrem Fachbereich Außergewöhnliches zu leisten, ohne großes Gewicht auf ihre äußere Erscheinung zu legen und ohne ein besonderes Geltungsstreben zu entwickeln. Populärstes Beispiel mag hier der Physiker und Mathematiker Albert Einstein sein, der ja für seine eher legere Kleidung bekannt war.

Spannungsaspekte (Opposition und Quadrat)

Entsprechen auch Spannungsaspekten zwischen den Herrschern von Haus drei und sechs und Haus zehn

Spannungsaspekte zwischen Saturn und Merkur können entwicklungspsychologisch darauf hinweisen, dass die unter diesen Aspekten Geborenen bereits als Jugendliche die Aufgaben und Pflichten von Erwachsenen zu erfüllen hatten.

Ursache ist hier in vielen Fällen die mangelnde Beachtung, die der Horoskopeigner im Elternhaus und in der sozialen Umwelt fand. Das frühzeitige Übernehmen von Verantwortung war für viele unter dieser Konstellation Geborene Versuch und Chance, Anerkennung zu finden.

In anderen Fällen liegt der Grund eher in einem außergewöhnlich ausgeprägten Ehrgeiz, der eventuell noch von den Eltern gefördert wurde. Dies kann sich im sportlichen, künstlerischen oder intellektuellen Bereich äußern. Fast alle sogenannten Wunderkinder haben diese Konstellation. Leider (oder glücklicherweise) ist nicht jeder, der diesen Aspekt im Horoskop aufweist, ein Wunderkind.

Welche konkrete Entsprechung auch immer vorgelegen haben mag, in den meisten Fällen wurde bewusst oder unbewusst eine als unbefriedigend erlebte Jugend zugunsten eines als besser erhofften Erwachsenendaseins geopfert. Viele Native scheinen hier alles auf eine Karte zu setzen: Wenn die ehrgeizigen und hochgesteckten persönlichen Ziele erreicht werden (können), dann ist eine angemessene Weiterentwicklung möglich. Scheitern sie jedoch – und dies ist in vielen Fällen unvermeidlich –, so erholen sich manche niemals von dieser »Niederlage«, und aus dem Verfolgen hochgesteckter Ziele wird eine resignierte Sicherheitsorientierung. Im Extremfall wird der eine oder andere zu einer sogenannten gebrochenen Persönlichkeit, die im Leben jede Herausforderung aus Angst, erneut zu scheitern, meidet und sich dadurch mit Positionen weit unter ihrer Möglichkeit zufriedengibt. Dagegen wäre nichts einzuwenden, wenn es sich hier um genügsame oder asketische Naturelle handelte, die tatsächlich mit sehr wenig zufrieden sind. In

Wirklichkeit steckt hinter der aufgesetzten Bescheidenheit natürlich neben der Angst vor einem erneuten Scheitern ein großes Stück Verbitterung und schließlich sogar Selbstverachtung, da der Native sich die eigene Furcht vor einem erneuten Scheitern nicht verzeihen kann.

Auch wenn diese extreme Entsprechung glücklicherweise selten ist, so wird es doch kaum jemanden mit einem Spannungsaspekt zwischen Merkur und Saturn geben, der sie nicht in zumindest stark abgemilderter Form an sich selbst erlebt hat. Hier liegt die Lösung und Lernaufgabe in einer realistischeren Einschätzung der eigenen Ziele und Möglichkeiten. Es macht einfach keinen Sinn, sich Dinge in den Kopf zu setzen, die niemals zu erreichen sind. So sehr, wie ein Denken in großen Maßstäben geeignet ist, die eigenen Begrenzungen zu überwinden, so groß ist hier doch auch die Gefahr der Selbstüberschätzung und maßlosen Enttäuschung. So war es für die vier Jugendlichen, die immer so bekannt wie Elvis sein wollten, sicherlich hilfreich, dass sie unbedingt nach oben wollten und sie keinen Zweifel daran zuließen, dass sie dieses Ziel auch erreichen würden. Als Beatles wurden sie ja dann tatsächlich die erfolgreichste Popband dieses Jahrhunderts. Doch wer weiß, wie viele begabte Musiker zu dieser Zeit in Bands spielten, die genauso viel oder sogar noch mehr Talent hatten wie die Beatles und es trotzdem nicht schafften? Um außergewöhnlichen Erfolg verwirklichen zu können, reichen Talent und Ehrgeiz eben nicht aus, es gehört auch noch eine sehr große Portion Glück dazu. Glück, das nicht eingeplant werden kann und dessen Ausbleiben nicht als persönliches Scheitern aufgefasst werden sollte.

Bei Spannungsaspekten zwischen Merkur und Saturn besteht die Gefahr, dass hochgesteckte Ziele zur fixen Idee werden, die jede andere Möglichkeit ausschließen. So wird mancher mit dieser Konstellation – um im Bild zu bleiben – vielleicht schon auf die vierzig zugehen und immer noch von einer Karriere als Teenageridol träumen. Platzt dieser Traum einmal, bleibt nur ein großer Scherbenhaufen zurück, der einem sein gesamtes Leben sinnlos erscheinen lässt.

Eine entwickelte Persönlichkeit lernt jedoch, ihre Möglichkeiten realistisch einzuschätzen und ihr Selbstwertgefühl nicht von der Einschätzung anderer abhängig zu machen. Die Fähigkeit zu außergewöhnlicher Konzentration und Ausdauer ist praktisch in jedem Beruf und in der Verwirklichung jedes Lebensziels von Vorteil. Wer gelernt hat, sich (realistische) Ziele zu setzen, deren Erreichen nicht vom Glück, sondern von der eigenen Leistungsfähigkeit abhängig ist, wird diese auch erreichen und größeres Maß an Selbstbewusstsein und echter Zufriedenheit entwickeln, als dies seelisch unausgeglichenen Glückspilzen und Wunderkindern möglich ist.

Harmonische Aspekte (Trigon und Sextil)

Entsprechen auch harmonischen Aspekten zwischen den Herrschern von Haus drei und sechs und Haus zehn

Den meisten Menschen mit dieser Konstellation fällt es leicht herauszufinden, was sie im Leben erreichen wollen. Scheinbar mühelos unternehmen sie die geeigneten Schritte, um ihre Zielvorstellungen zu verwirklichen. Für die Antriebs- und Entscheidungsschwierigkeiten anderer können sie oft kein Verständnis aufbringen, da ihnen selbst solche Probleme fremd sind.

Auf ihre Umgebung wirken sie gelegentlich ein wenig glatt oder gar mechanisch und roboterhaft.

Die Gabe, in Wort und Schrift allgemeinverständlich und überzeugend sein zu können, erleben die unter diesem Aspekt Geborenen oft so selbstverständlich, dass sie dies überhaupt nicht als persönlichen Vorzug empfinden.

Menschen mit dieser Konstellation wuchsen oft in einer Umgebung auf, in der ihre Fähigkeiten und ihr Ehrgeiz besonders gefördert wurden, ohne dass dabei Druck auf sie ausgeübt wurde. Ihr Selbstwertgefühl ist dabei wie selbstverständlich an berufliches Engagement und Erfolg gekoppelt. Obwohl gegen diese positiven Entsprechungen nichts einzuwenden ist, besteht hier doch die Gefahr, den eigenen Erfolg als allzu selbstverständlich anzusehen und dabei zu vergessen, dass Glück und die Unterstützung durch andere hier eine wesentliche Rolle spielen. Wird das zu lange übersehen, kann es zu einer emotionalen Verarmung kommen, in der Freundschaften nicht mehr möglich sind und echte zwischenmenschliche Beziehungen nicht mehr vorhanden sind.

Spontaneität ist meist nicht die stärkste Seite der Nativen, hier sollte ein wenig mehr innere Lockerheit angestrebt werden, damit vor lauter Zukunftsorientierung nicht vergessen wird, in der Gegenwart zu leben.

Merkur-Uranus-Aspekte

Prinzip: originelles Denken

Konjunktion

Entspricht auch Merkur in Haus elf und Uranus in Haus drei und sechs

Mehr noch als bei vielen anderen Konstellation entscheidet das persönliche Entwicklungsniveau darüber, wie sich diese Planetenverbindung auswirkt. Das Denken läuft hier mit einer ganz außergewöhnlichen Geschwindigkeit ab. Beim Überlegen ergeben sich eine Vielzahl mehr oder weniger kreativer Assoziationen, die Aspekte der unterschiedlichsten Wissensgebiete mit einbeziehen. So mögen Gedankengebäude und Kommunikationsfähigkeit bei den meisten Nativen facettenreich, bei vielen originell, bei manchen gar genial sein.

Andere hingegen werden durch Tempo und Intensität der kognitiven Prozesse eher überfordert sein. Hier wird es dann zu Fahrigkeit und Konzentrationsstörungen kommen.

Die mentalen Fähigkeiten von Menschen mit dominanten Merkur-Uranus-Aspekten im Horoskop lassen sich ein wenig mit einem hochgezüchteten Rennsportwagen vergleichen: Einer außergewöhnlichen und rasanten Leistungsfähigkeit stehen ein immenser

Energieverbrauch und eine deutlich erhöhte Störanfälligkeit gegenüber. So ergibt sich hier die Neigung zu nervösen Erkrankungen, und die psychische Belastungsfähigkeit ist meist eher unterdurchschnittlich. Auf der anderen Seite besteht oft die außergewöhnliche Gabe, ein Problem fast gleichzeitig von verschiedenen Blickwinkeln beleuchten zu können, also unterschiedliche, sich widersprechende Standpunkte durchzuspielen, in Beziehung zu setzen und zu vergleichen. So mag mancher für seine Umgebung als Wirrkopf gelten, der in Wahrheit in seinem Denken lediglich schneller und vielseitiger als andere ist.

Menschen mit dieser Konstellation sind fast immer Individualisten mit einem gewissen Hang zur Provokation. Sie fügen sich nur ungern in allgemeinverbindliche Konventionen und haben meist große Schwierigkeiten, sich in eine Gruppe einzufügen. Sie wollen und können sich nur begrenzt anpassen und werden so oft – meist ungewollt – zu Störenfrieden. Daher sind viele nicht nur Individualisten, sondern auch Einzelgänger. Weniger, weil sie die Gesellschaft anderer ablehnen, sondern weil es Gruppen und Gemeinschaften im konkreten und praktischen Zusammenleben nicht mit ihnen aushalten.

Persönliche Kontakte, bei denen sie sich auf nur eine oder einige wenige Personen konzentrieren müssen, liegen ihnen da schon wesentlich mehr. Schließlich haben sie ein intensives Bedürfnis nach Gedankenaustausch, das sie im kleinen Kreis befriedigen können, ohne sich gesellschaftlichen Konventionen unterwerfen zu müssen.

Spannungsaspekte (Opposition und Quadrat)

Entsprechen auch Spannungsaspekten zwischen den Herrschern von Haus drei und sechs und Haus elf

Der Archetypus dieser Konstellation ist das *Enfant terrible,* also das »schreckliche Kind«. Dabei handelt es sich meist um Querdenker, die mit sicherer Hand ihre Finger in die Wunden vermeintlich solider Gedankengebäude legen. Auch hier besteht, wie bei der

Konjunktion, die Fähigkeit, komplexe Zusammenhänge schnell zu erfassen und die erstaunlichsten Bezüge und themenübergreifende Assoziationen herstellen zu können. Im Bestreben, eigene Standpunkte besonders pointiert darzustellen, wird gelegentlich des Guten ein wenig zu viel getan und der Bogen überspannt. Menschen mit einer weniger flexiblen Denkweise mögen sich hier fälschlich angegriffen und zu Unrecht kritisiert fühlen. Wie bei allen unerwünschten »Nebenwirkungen« von Gestirnkonstellationen zieht sich auch hier natürlich nur derjenige den Schuh an, dem er auch passt. Das heißt, häufig treffen die Nativen mit überspitzten Formulierungen, die auch anders aufgefasst werden, als sie eigentlich gemeint waren, unfreiwillig und nur allzu genau ins Schwarze. Die Begabung, anderen, ohne es zu wollen, auf deren »seelische Hühneraugen« zu treten, macht sie zwar häufig bei den Betroffenen unbeliebt. Dafür erhalten Sie um so mehr Sympathien von deren Angehörigen und Bekannten, die sich darüber freuen, dass längst überfällige Kritik endlich einmal ausgesprochen wird.

Die Nativen allerdings werden in der Regel weder von dem einen noch von dem anderen Prozess allzu viel mitbekommen, da sie mit ihren Gedanken vermutlich schon längst wieder woanders sind. Wenn sie sich nicht mit Dingen beschäftigen, denen sie allergrößtes Interesse entgegenbringen, neigen sie ein wenig zur Gedankenflucht und Vergesslichkeit.

Bei dieser Konstellation sollte darauf geachtet werden, sich nicht mit zu vielen Dingen gleichzeitig zu beschäftigen, obwohl gerade hier die Neigung besonders groß ist. Permanente mentale Überforderung kann bei Spannungsaspekten zwischen Merkur und Uranus zu nervösen und neuralgischen Störungen führen. Körperliches und geistiges Entspannungstraining ist hier deshalb besonders zu empfehlen.

Harmonische Aspekte (Trigon und Sextil)

Entsprechen auch harmonischen Aspekten zwischen den Herrschern von Haus drei und sechs und Haus elf

Diese Konstellation ist ein deutlicher Hinweis auf die Fähigkeit, in intellektueller und praktischer Hinsicht eigenständige Wege zu beschreiten. Ihrem persönlichen Umfeld und auch der Öffentlichkeit präsentieren sich die Nativen in einer Weise, dass ihnen gerne ein Sonderstatus zugebilligt wird, ohne dass sie sich darum sonderlich bemühen müssten.

Häufig wirken sie auf eine eigenartig unpersönliche Art und Weise attraktiv. Dies hängt mit ihrer unbewussten Fähigkeit zusammen, aufzufallen, ohne dass der Beobachter so ohne Weiteres sagen könnte, was denn nun eigentlich seine Aufmerksamkeit erregt hätte. So findet sich dieser Aspekt zum Beispiel bei beliebten Schauspielerinnen, denen eine außergewöhnliche Attraktivität bescheinigt wird, ohne dass dies auf den ersten Blick erkennbar wäre. Dies gilt gleichermaßen für manche männlichen Schauspieler.

Da dieser Aspekt ebenso auf ein besonders gutes Koordinationsvermögen hinweisen kann, findet er sich auch in den Horoskopen von Tänzern, Eiskunstläufern, Choreografen und Dirigenten.

In manchen Fällen macht sich ein deutliches sprachliches Talent bemerkbar, insbesondere wenn es darum geht, provokante Inhalte möglichst elegant zu vermitteln. Dies zeigt sich in den Horoskopen von Rednern und Schriftstellern.

Die zahlreichen konkreten beruflichen Entsprechungen wurden genannt, da in der gängigen astrologischen Literatur insbesondere die harmonischen Merkur-Uranus-Verbindungen oft ein wenig unterbelichtet und nichtssagend behandelt werden. In Wirklichkeit scheint es sich hier um eine hoch potente Konstellation zu handeln, wie die genannten Beispiele nahelegen.

Merkur-Neptun-Aspekte

Prinzip: intuitives Denken

Konjunktion

Entspricht auch Merkur im zwölften Haus und Neptun im dritten und sechsten Haus

Die Konjunktion von Merkur und Neptun entspricht einem extrem sensibilisierten, emotional gefärbten Denken. Da ihnen harsche Auseinandersetzungen nicht liegen, besitzen die Nativen die Fähigkeit, ihre Umgebung durch subtile Formulierungen unmerklich in ihrem Sinne zu beeinflussen.

Meist verfügen sie über ein wenig stabiles Nervensystem, das unter ihrer übersensiblen Empfindungsfähigkeit leidet. Dies zeigt sich häufig in Form von Wetterfühligkeit, erhöhter Infektionsneigung, Unverträglichkeit von Medikamenten und Konzentrationsstörungen. In besonderen Belastungssituationen kann dies gar die Form von Gedächtnisstörungen und Verwirrungszuständen annehmen.

Menschen mit dieser Konstellation haben Schwierigkeiten, sich Wissen mit konventionellen Mitteln zu erwerben. Insgeheim sehnen sie sich nach Weisheit und Erkenntnissen, die jenseits rationaler Denkweisen liegen. Dieses Wissen befindet sich, wie sie ahnen oder gar intuitiv erkannt haben, in ihnen selbst. Es muss nicht erworben und geübt werden, es reicht aus, das laute Tönen unseres Alltagsbewusstseins zum Verstummen zu bringen, um das, was an Inhalten jenseits der Form in uns ist, wahrnehmen zu können.

Wenn allerdings die Sehnsucht nach höherem Wissen und Verstehen so überhandnimmt, dass die Orientierung im Alltäglichen als unerträglich unbefriedigend und langweilig empfunden wird, so kann dies fatale Folgen haben. Es entwickelt sich eine Vermeidungshaltung gegenüber jeder Art von echter intellektueller Anstrengung, die Merkur-Neptun-Geborenen werden lern- und denkfaul. So erfüllend der mythische Zugang zu inneren Wirklichkeiten sein kann, es nützt diese Gabe doch wenig bei der Bewältigung einer Fahrprüfung oder beim erfolgreichen Überqueren einer Straße.

Die Konjunktion zwischen Merkur und Neptun ist ein Hinweis auf Persönlichkeiten, die unter dem Gefühl leiden, von ihrer Umgebung nicht ausreichend und respektvoll zur Kenntnis genommen zu werden. Wird ihnen dennoch Aufmerksamkeit entgegengebracht, so haben die Nativen oft das Gefühl, nicht ernst genommen oder nicht verstanden zu werden. Diese Schwäche kann überwunden werden, indem sie sich bemühen, ihre wahren Gefühle zuzulassen und sie auch den Menschen, die ihnen wichtig sind, zu zeigen. Dies mag vielleicht nicht so beeindruckend sein wie ihre spirituellen Sehnsüchte und Erfahrungen, dennoch werden sie damit auf mehr Interesse und Verständnis stoßen als mit irgendetwas anderem.

In einem weiteren Schritt können sie sich bemühen, die Fähigkeit zu erwerben, ihre Meinung klar, präzise und unmissverständlich zu formulieren. Einen einmal eingenommenen Standpunkt sollten sie nur selten und nach reiflicher Überlegung ändern. Das wird ihren praktischen Verstand schulen und ihnen helfen, tragfähige zwischenmenschliche Beziehungen aufzubauen.

Spannungsaspekte (Opposition und Quadrat)

Entsprechen auch Spannungsaspekten zwischen den Herrschern von Haus drei und sechs und dem Herrscher von Haus zwölf

Spannungsaspekte zwischen Merkur und Neptun können auf eine ausgeprägte Hypersensibilität hindeuten, die regelrecht kommunikationslähmend wirken kann. Das Bestreben, so genau wie möglich das in Worte zu kleiden, was wir sagen möchten, kann beim einen zu einem hilflosen Schweigen führen; es gelingt ihm nicht, Formulierungen zu finden, die den eigenen Ansprüchen genügen. Beim anderen mag sich diese Problematik ins scheinbare Gegenteil verkehren. Er äußert sich ausführlich bis endlos in der unbewussten Hoffnung, mit einer seiner Redewendungen mehr oder weniger zufällig den Punkt zu treffen. In beiden Fällen mag es für ein Gegenüber deshalb ein wenig schwierig sein, ein unverbindlich-freundliches Gespräch zu führen.

Während die einen aus dieser vermeintlichen Schwäche eine Stärke machen und in charmantem und liebenswürdigem Ton ausdauernde sinnfreie Gespräche führen können und dabei womöglich gar die Fähigkeiten von Partylöwen entwickeln, werden andere mit dieser Konstellation ihr hoch differenziertes Sprachempfinden immer weiterentwickeln. Auch hier ist, wie bei allen anderen Konstellationen auch, natürlich das persönliche Entwicklungsniveau entscheidend. Während der eine Vorlieben für Wortspiele, Limericks und Ähnliches entwickeln mag, wird sich der andere in wachsendem Maße für sprachlich komplexe Prosa und Poesie interessieren. Hier geht es um die Herausforderung, das Unaussprechliche, das höchst Subtile und Unbenannte in Worte zu kleiden. Es ist in der Tat auffällig, wie viele Dichter diese Konstellation aufweisen. Hier seien lediglich Baudelaire, Ringelnatz und Schiller genannt.

Harmonische Aspekte (Trigon und Sextil)

Entsprechen auch harmonischen Aspekten zwischen den Herrschern von Haus drei und sechs und Haus zwölf

Menschen mit dieser Konstellation scheinen einen sechsten Sinn zu haben, der ihnen dazu verhilft, immer im richtigen Moment das Richtige zu sagen. Hoch entwickelte Persönlichkeiten sind in ihren Formulierungen mit einem derartigen Geschick unbestimmt und vage, sodass der jeweilige Gesprächspartner genau das herauszuhören vermeint, was er gerne hören möchte, ohne dass es jedoch konkret gesagt wurde. Diese Fähigkeit kommt Zauberkünstlern, Charmeuren und Hochstaplern genauso zugute wie beispielsweise Firmen- und Regierungssprechern, die die undankbare Aufgabe haben, vor einer lauernden Journalistenschar zu einem wichtigen Thema sprechen zu müssen, ohne dabei etwas Konkretes sagen zu dürfen. So sehr ihnen die Rolle einer verbalen Projektionsfläche

Sympathien einbringt, so problematisch wirkt sich es jedoch im persönlichen Umgang aus. Da jeder meint, genau das gehört zu haben, was er auch hören wollte, wird er es natürlich auch bei den Nativen einfordern. Diese werden ihr ganzes diplomatisches Geschick benötigen, um sich aus Affären zu ziehen, in die sie sich eigentlich gar nicht hineinbegeben haben.

Wie bei allen anderen Konstellationen auch, so ist hier natürlich das persönliche Entwicklungsniveau entscheidend, was die Manifestationsebene dieser kosmischen Disposition angeht. Während manche die Fähigkeit zu suggestiven Worthülsen perfektionieren, entwickeln andere eine außerordentliche Wahrhaftigkeit, die jede Form von Selbstbetrug, Eitelkeit und Lüge demaskiert, ohne den anderen dabei bloßzustellen.

So besitzen zum Beispiel einige große Schriftsteller diesen Aspekt im Horoskop. Er hilft ihnen, ihren Mitmenschen subtil und mithilfe von Allegorien, Gleichnissen und Fabeln den Spiegel vorzuhalten, in dem sie sich nur in dem Maße wiedererkennen müssen, wie ihre Aufrichtigkeit und Persönlichkeitsstärke es zulässt. Auch einige der modernen Hofnarren, nämlich die Kabarettisten, weisen aus dem gleichen Grund diesen Aspekt auf. Schließlich bringen sie das Kunststück fertig, dass diejenigen, die sie kritisieren, zufrieden lachend im Publikum sitzen.

Merkur-Pluto-Aspekte

Prinzip: kategorisches Denken

Konjunktion

Entspricht auch Merkur im achten Haus und Pluto im dritten und sechsten Haus

Aspekte zwischen Merkur und Pluto symbolisieren die Gleichzeitigkeit von Denken und Vorstellungsbezogenheit, die Verknüpfung von Pragmatik und Dogma. Menschen mit dieser Konstellation können auch Banalitäten so formulieren, dass sie sich wie Naturgesetze anhören. Wenn sie ihre Ansichten vortragen, wirkt dies in aller Regel unzweideutig und beeindruckend, aber manchmal auch intolerant und ein wenig bedrohlich, da keinerlei Spielraum für abweichende Meinungen gelassen wird. Fast immer besteht ein Hang zu absoluten Formulierungen. Im Verbalen wird oft eine ganz außergewöhnliche Autorität erreicht. Manche werden dies allerdings als Arroganz und Überheblichkeit auslegen.

Das Erlernen von etwas mehr Toleranz beim Darstellen der eigenen Standpunkte ist bei dieser Konstellation eine wichtige Lernaufgabe, deren Bewältigung den Umgang mit anderen wesentlich entspannen kann.

Die Nativen haben sehr häufig ein außergewöhnlich gutes Gedächtnis und ein sehr bildhaftes Vorstellungsvermögen. Viele sind im logisch-mathematisch-naturwissenschaftlichen Bereich besonders begabt.

Manche Menschen mit einer Merkur-Pluto-Konjunktion im Horoskop haben die Neigung, ihre analytischen Fähigkeiten auf komplexe Aufgabenstellungen zu richten, an denen sie so lange tüfteln, bis sie die Lösung gefunden haben. Dabei ist es prinzipiell unerheblich, ob es sich um das Zusammensetzen eines Puzzles, das Lösen einer Denksportaufgabe oder die Bewältigung eines naturwissenschaftlichen Forschungsauftrags handelt: Wenn die Nuss geknackt ist, stellt sich eine Befriedigung ein, die nur Menschen nachvollziehen können, die ebenfalls Merkur-Pluto-Konstellationen im Horoskop haben.

Spannungsaspekte (Opposition und Quadrat)

Entsprechen auch Spannungsaspekten zwischen den Herrschern von Haus drei und sechs und Haus acht

Spannungsaspekte zwischen Merkur und Pluto repräsentieren den Widerspruch zwischen Denken und persönlicher Ideologie, die

Unvereinbarkeit von Pragmatik und Prinzip. Menschen mit dieser Konstellation haben oft Schwierigkeiten, ihre Gedanken so zu formulieren, dass sie auf die Art verstanden werden, wie sie es sich wünschen. Andere fühlen sich durch die Äußerungen der Nativen überdurchschnittlich häufig verletzt, meist ohne dass diese es bemerken.

Fast immer besteht ein Hang zu absoluten oder ausgrenzenden Formulierungen. Unsicherheit wird mit dogmatischen Platitüden überspielt. Leider wirken diese Personen hier oft nicht, wie gewünscht, beeindruckend und charakterstark, sondern lediglich borniert und intolerant. Auf diese Weise gehen manche persönlichen Beziehungen und Freundschaften in die Brüche oder kommen gar nicht erst zustande. Ein Umstand, unter dem die Nativen wesentlich mehr leiden, als sie sich selbst gegenüber eingestehen können.

Weniger Dogmatik und Absolutheitsanspruch in Gesprächen, Auseinandersetzungen und Diskussionen sind für sie eine lebenslange Herausforderung und Lernaufgabe.

Spannungsaspekte zwischen Merkur und Pluto deuten auf die Schwierigkeit hin, eigene Gedanken angemessen zu formulieren und in eine logisch nachvollziehbare Form zu bringen. Häufig passiert es ihnen, dass ihre Überzeugungen Widerspruch provozieren, bevor die anderen sie überhaupt verstanden haben.

Die Erfahrung, eigene Überzeugungen einem anderen nicht eindeutig mitteilen zu können, führt zu Selbstzweifeln und ohnmächtiger Wut, da der Darstellung intellektueller Fähigkeiten allzu viel Bedeutung beigemessen wird.

Menschen mit dieser Konstellation stammen oft aus Familien, in denen der autoritäre Umgang mit der Sprache als das wichtigste Kriterium für Macht und Bedeutung betrachtet wurde. Das Eingeständnis, etwas nicht zu wissen, oder die Bereitschaft, einen Fehler einzusehen und dem Gesprächspartner recht zu geben, wurden bewusst oder unbewusst als Charakterschwäche eingestuft. Das heißt nichts anderes, als dass ihnen beigebracht wurde, Intoleranz und Besserwisserei als wertvolle Wesenszüge zu betrachten. Es dürfte einleuchten, dass diese Haltung von Freunden und Bekannten nicht unbedingt geteilt wird. Spannungsaspekte zwischen Merkur und Pluto sind daher auch mit der Lernaufgabe und Herausforderung verbunden, die Fehleinschätzung der eigenen Wichtigkeit zu überwinden und in Gesprächen ein wenig über den Tellerrand persönlicher Wertungen hinauszuschauen. Hierbei kann die Überlegung helfen, dass keine Ansicht und keine Formulierung in letzter Konsequenz absolut wahr sein kann. Unser Wissen ist unvollständig, die Möglichkeit, Wesentliches mit Worten auszudrücken, begrenzt unsere persönliche Erfahrung völlig einseitig und subjektiv. So sehr wir auch von unserem Standpunkt überzeugt sind, wir können uns seiner Richtigkeit doch niemals gewiss sein. Wenn wir dies beherzigen, werden wir nicht nur angenehmer im persönlichen Umgang, sondern auch offener für Einsichten, die den Rahmen unserer bisherigen dogmatischen Denkweise überschreiten.

Harmonische Aspekte (Trigon und Sextil)

Entsprechen auch harmonischen Aspekten zwischen den Herrschern von Haus drei und sechs und Haus acht

Die Nativen haben meist die Fähigkeit, ihre Ansichten und Standpunkte freundlich und verbindlich, aber auch eindeutig und unmissverständlich mitzuteilen.

Das logische und rationale Denken ist überwiegend außergewöhnlich ausgeprägt, deshalb fällt es den unter dieser Konstellation Geborenen leicht, Widersprüchlichkeiten oder logische Fehler in den Äußerungen anderer zu erkennen und solche Missgriffe bei sich selbst zu vermeiden.

Die Gabe, in Wort und Schrift allgemeinverständlich und überzeugend sein zu können, wird oft als so selbstverständlich erlebt, dass dieses Talent nicht in dem Maße gefördert wird, wie es möglich und sinnvoll wäre. Geschieht dies dennoch, so entwickelt sich in vielen Fällen die bemerkenswerte Fähigkeit zu besonders anschaulichen und plastischen Sprachbildern; das heißt, die Formulierungen gewinnen eine Dichte, die in hohem Maße auf das bildliche

Vorstellungsvermögen des Zuhörers einwirkt. So können selbst Inhalte, die den Bildungshintergrund oder das intellektuelle Niveau des anderen übersteigen, begreifbar gemacht werden. In diesem Sinne sind die harmonischen Aspekte zwischen Merkur und Pluto in besonderem Maße für alle geeignet, die einer ausbildenden und lehrenden Tätigkeit nachgehen.

Venus-Aspekte

Prinzip: impulsive Ästhetik

Konjunktion

Entspricht auch Venus im ersten Haus und Mars im zweiten und siebten Haus

Die Konjunktion von Venus und Mars symbolisiert die Verbindung von Ästhetik und Impulsivität, von Erotik und Triebhaftigkeit, von Kunst und Aggression. Keine Einzelkonstellation weist eine stärkere Begegnungsorientierung auf. Die Beziehungen zu anderen Menschen sind hier dementsprechend von zentraler Bedeutung und entscheiden über seelisches Wohlbefinden und Lebenszufriedenheit. Dies gilt in besonderem Maße für Partnerschaft und Sexualität.

Manche Native sind im Umgang mit anderen so direkt, dass sie damit irritieren oder sogar erschrecken können. Allerdings tun sie dies auch immer mit einem außergewöhnlichen Charme, sodass sich empfindsame Gemüter nach der ersten Verwirrung schnell wieder fangen und von den Venus-Mars-Geborenen einnehmen lassen.

Die Erfahrung hat gezeigt, dass Menschen mit diesen Konstellationen im Horoskop oft eine besondere Rolle in der Geschwisterfolge einnehmen, die für ihre Persönlichkeitsentwicklung prägend ist. Häufig handelt es sich um Erstgeborene, Einzelkinder oder Nesthäkchen, manchmal auch um das einzige Mädchen unter Jungen oder umgekehrt.

Diese Sonderrolle ist üblicherweise mit einem eigenen Status verknüpft (»Mamas Liebling«), der zwar in Aussicht gestellt, in der Praxis jedoch nicht so recht eingelöst wird. Hieraus ergibt sich die kindliche Prägung des »nicht gehaltenen Versprechens«, die sich im späteren Leben in Form einer besonderen Enttäuschungsbereitschaft äußern kann.

So wird zum Beispiel fast jede Vorfreude vermieden – aus Angst, die Erwartungen könnten doch nicht erfüllt werden. Diese Form des Zweckpessimismus ist jedoch mit einer erhöhten Leistungsbereitschaft und einem erheblichen Ehrgeiz verbunden, der lediglich einer kleinen moralischen Unterstützung durch das persönliche Umfeld bedarf, um zum Erfolg zu führen.

Spannungsaspekte (Opposition und Quadrat)

Eentsprechen auch Spannungsaspekten zwischen dem Herrscher von Haus zwei und sieben und Haus eins

Das Engagement für die Verwirklichung persönlicher Interessen ist hier groß. Dennoch stehen die Erfolge meist in keinem rechten Verhältnis zum Aufwand. Insbesondere im Beziehungsbereich sind die Versuche oft vergeblich, aus einer Bekanntschaft eine Freundschaft oder mehr zu machen. Häufig entsteht das Gefühl, dass der andere sich um so mehr distanziert, je mehr wir versuchen, auf ihn zuzugehen. Einer der Gründe für dieses Muster liegt in der allzu intensiven Art und Weise, mit der das Interesse am anderen gezeigt wird. Dieser fühlt sich dadurch bedrängt und zieht sich zurück. Ein weiterer Grund ist die fehlgeleitete instinktive Kommunikation; das heißt, wir senden dem anderen zum falschen Zeitpunkt die falschen Signale. Auch in intakten und glücklichen Partnerschaften wird dieser Aspekt immer wieder zu Missverständnissen und Zwistigkeiten führen können.

Andererseits sollte nicht übersehen werden, dass Spannungsaspekte zwischen Venus und Mars auf eine außerordentliche Leidenschaftlichkeit hinweisen. Bei integrierten Persönlichkeiten äußert sich das in der Form, dass Sexualität und Trieborientierung in einer intensiven Wechselwirkung zur individuellen Hingabe- und Liebesfähigkeit stehen. Bei desintegrierten Persönlichkeiten hingegen kann sich dies in einer nahezu sich ausschließenden Trennung von Sexualität und Partnerschaft äußern. Dies zeigt sich insbesondere bei Männern, die beispielsweise nur zu Prostituierten sexuelle

Kontakte pflegen können, während sie bei der eigenen Ehefrau vollständig impotent sind.

Eifersucht ist eine Charaktereigenschaft, die sich bei dieser Konstellation noch wesentlich stärker äußert, als dies üblicherweise der Fall ist. Liebe, Begehren und Sexualität sind sehr stark an ein Besitzdenken geknüpft. Nicht selten hat der Partner dadurch das Gefühl, in der Beziehung derart eingesperrt zu sein, dass er tatsächlich auszubrechen versucht. So findet sich der Native in seiner ursprünglich unbegründeten Eifersucht bestätigt und hat meist keine Einsicht in die Tatsache, dass er selbst die Ursachen für diese Entwicklung geschaffen hat.

Entgegen einer verbreiteten astrologischen Meinung sind Spannungsaspekte zwischen Venus und Mars wesentlich günstiger zu bewerten als die Konjunktion und in mancherlei Hinsicht sogar die harmonischen Aspekte. Wichtig ist hierbei jedoch die Einsicht, dass in persönlichen Beziehungen – nicht nur in Partnerschaften – eine gewisse Konkurrenzorientierung und ein Bedürfnis nach Auseinandersetzung ein tragendes Element sind. Verbindungen, in denen wir uns nicht in irgendeiner Weise mit dem anderen messen können, werden als langweilig empfunden. Da in unserer Gesellschaft alle instinktiven, archaischen und aggressiven Persönlichkeitsanteile nach wie vor weitgehend tabuisiert oder pervertiert sind, besitzen nur wenige Menschen von sich aus die Fähigkeit, mit dieser Art von Temperament angemessen umzugehen. Das gilt sowohl für die Nativen als auch für ihre Umgebung. Aus intensiver Interaktion wird schnell ein distanzloser Übergriff, aus einer lebhaften Diskussion Streit und aus Leidenschaft Gewalttätigkeit. Hierbei handelt es sich ebenso um simple Missverständnisse, die mit einer Fehlbewertung des persönlichen Temperaments wie auch mit der überzogenen Tendenz der Nativen zusammenhängen, alles und jedes als Infragestellung ihrer Person, ihres Stolzes und ihrer Selbstachtung aufzufassen.

Lernaufgabe und Herausforderung ist hier der Erwerb der Fähigkeit, einerseits größte Intensität bei der Durchsetzung persönlicher zwischenmenschlicher Bedürfnisse zuzulassen, gleichzeitig jedoch auch ein Gefühl dafür zu entwickeln, die Grenzen eines anderen nicht weiter zu überschreiten, als dieser es zulassen möchte. Denn wir alle wünschen uns in bestimmten Situationen durchaus Übergriffe: Ein Freund geht uns mit dummen Witzen so lange auf die Nerven, bis uns gar nichts anderes mehr übrig bleibt, als zu lachen und unsere schlechte Laune aufzugeben. Wir weisen die Annäherungsversuche eines Flirts zurück und warten heimlich doch nur darauf, erobert zu werden. Wir müssten eigentlich die ganze Nacht durcharbeiten und lassen uns stattdessen in die nächste Kneipe entführen ...

Der Bereich, in dem wir es genießen können, verführt, erobert, überredet und überrumpelt zu werden, ist ein sehr schmaler Grat, jenseits dessen wir zu Opfern verletzender und erniedrigender Übergriffe werden. Menschen mit Spannungsaspekten zwischen Venus und Mars im Horoskop müssen lernen, mit sicherem Gefühl auf diesem schmalen Pfad zu gehen. Dies ermöglicht die Intensität und Nähe, nach der sie sich im zwischenmenschlichen Bereich so sehr sehnen.

Harmonische Aspekte (Trigon und Sextil)

Entsprechen auch harmonischen Aspekten zwischen dem Herrscher von Haus zwei und sieben und Haus eins

Menschen mit dieser Konstellation im Horoskop sind es normalerweise gewohnt zu bekommen, was sie wollen. Auch wenn der Rolling-Stones-Sänger Mick Jagger, der ein Venus-Mars-Trigon im Horoskop hat, einmal sang: »You can't always get what you want«, so war ihm diese an sich triviale Tatsache immerhin einen Liedtext wert – vermutlich, weil er eben nur selten nicht das bekam, was er wollte.

So wichtig, wie Partnerschaft und Sexualität im Leben der meisten Menschen auch sind, bedeutet dies doch nicht, dass harmonische Aspekte zwischen Venus und Mars immer und automatisch mit diesen Lebensbereichen verknüpft wären. Vielmehr ergibt sich die grundsätzliche Aussage, dass hier zwischen dem, was wir für erstrebenswert halten, und unserer Motivation, dieses auch zu erreichen, keine nennenswerten Barrieren liegen. Weder stehen wir uns bei der Verfolgung unserer Interessen selbst im Weg, noch versuchen wir mit ungeeigneten Methoden nicht erreichbare Ziele zu erlangen. Die reibungslose Verbindung zwischen individuellen Wünschen und den Mitteln zu ihrer Befriedigung macht die Nativen im persönlichen und zwischenmenschlichen Bereich außerordentlich erfolgreich. Manchmal gilt dies auch für den Beruf oder die Verbindung beider Bereiche.

Der außergewöhnliche Erfolg im Umgang mit anderen bringt leider einige Nachteile mit sich. Zum einen müssen viele Native immer wieder gegen das Gefühl der Langeweile ankämpfen. Da sie sich die Befriedigung ihrer Bedürfnisse nur selten hart erarbeiten müssen, wird ebendiese Befriedigung immer schaler. Hier können sich, je nach Persönlichkeitsniveau, die Flucht in Exzesse oder auch ein Anwachsen der eigenen Ansprüche ins

Uferlose ergeben. Eine Bedauerliche, aber sehr häufige Begleiterscheinung dieses Prozesses ist der Hang, eitle und geckenhafte Allüren zu entwickeln. Zudem ist es für manche kaum erträglich, gelegentlich einmal nicht im Mittelpunkt zu stehen. Aus einer außerordentlichen Begegnungsfähigkeit kann so eine narzisstische Selbstbezogenheit werden, die einen inmitten einer Vielzahl von Freunden, Bekannten und Bewunderern in die Isolation treibt.

Venus-Jupiter-Aspekte

Prinzip: expansive Ästhetik

Konjunktion

Entspricht auch Venus im neunten Haus und Jupiter im zweiten und siebten Haus

Die Konjunktion von Venus und Jupiter symbolisiert die Verbindung von Ästhetik und Expansion, von Harmonie und Glück. Traditionell gilt die Verbindung dieser Planeten als eine der glückverheißendsten überhaupt: Wenn das kleine Glück (Venus) und das große Glück (Jupiter) zusammenkommen, dürfen wir mit den angenehmsten Entsprechungen rechnen.

In der modernen Astrologie wird schon seit Langem verstanden, dass wertende Aussagen über Aspekte unhaltbar sind. So wie sich Farben nicht in »gute« und »schlechte« einteilen lassen, so ist dies auch nicht bei Aspekten möglich. Dennoch wird kaum jemand einer Venus-Jupiter-Konjunktion ernsthaft schwierige und problematische Entsprechungen unterstellen können. Menschen mit dieser Konstellation erfreuen sich oft einer außerordentlichen Beliebtheit, da sie als attraktiv und großzügig empfunden werden. Sie müssen nur selten um die Anerkennung in ihrer Umwelt kämpfen, in der Regel fällt sie ihnen einfach zu. Sie sind anspruchsvoll in der Wahl ihrer Freunde und Bekannten, doch ist die Auswahl normalerweise groß genug, um ihre Vorstellungen zu befriedigen.

In schwierigen Lebenssituationen müssen die Nativen darauf achten, dass sie nicht mehr persönliche Bindungen und Beziehungen eingehen, als sie bewältigen können.

Im Partnerschaftsbereich ist ihre Neigung auffällig, in Dreiecksbeziehungen zu geraten, was wohl unter anderem mit der bei dieser Konstellation recht häufig vorkommenden Entscheidungsschwäche zusammenhängt.

Oft ist eine künstlerisch-musikalische Begabung vorhanden, gelegentlich besteht auch kunsthandwerkliches Geschick.

Spannungsaspekte (Opposition und Quadrat)

Entsprechen auch Spannungsaspekten zwischen den Herrschern von Haus zwei und sieben und Haus neun

Spannungsaspekte zwischen Jupiter und Venus können in entwicklungspsycholgischer Hinsicht bedeuten, dass die unter dieser Konstellation Geborenen in ihrer Kindheit und Jugend kein angemessenes Verhältnis zum Luxus und den Annehmlichkeiten des Lebens im Allgemeinen entwickeln konnten. Eine denkbare Ursache kann darin liegen, dass sie allzusehr verwöhnt wurden und infolgedessen besondere Privilegien nicht als Vorteil, sondern als Selbstverständlichkeit empfunden haben. Unter derartigen Voraussetzungen ist es im späteren Leben besonders schwierig, mit irgendetwas zufrieden zu sein.

Es besteht die Tendenz, in seinen Forderungen und Erwartungen sehr anspruchsvoll zu sein, während sich die Bereitschaft zum intensiven persönlichen Engagement in Grenzen hält. Die kann in besonderem Maße persönliche und partnerschaftliche Beziehungen betreffen. Der Native ist möglicherweise schnell von anderen begeistert oder neigt gar dazu, diese zu glorifizieren. Umso größer ist die Ernüchterung, wenn jene sich als »Normalsterbliche« mit all ihren Stärken und Schwächen erweisen.

Menschen mit dieser Konstellation fühlen sich vor allem von Freunden und Partnern meist unterschätzt oder missverstanden, während Letztere wiederum unter dem Hang zu überzogenem Pathos und schwer erträglicher Selbstgerechtigkeit zu leiden haben. In beiden Fällen wird eine Ursache im immensen Bedürfnis nach Anerkennung der Nativen liegen.

Spannungsaspekte zwischen Venus und Jupiter bedeuten immer auch die Herausforderung, Eitelkeit und übertriebenen Geltungsdrang zu überwinden. Vor allen Dingen jedoch sollte keiner das eigene Selbstwertgefühl bedingungslos vom Urteil anderer abhängig machen.

Harmonische Aspekte (Trigon und Sextil)

Entsprechen auch harmonischen Aspekten zwischen den Herrschern von Haus zwei und sieben und Haus neun

In der mittlerweile überholten wertenden Astrologie gilt dieser Aspekt, neben dem Trigon zwischen Sonne und Jupiter, als die positivste Konstellation überhaupt. Ursache hierfür ist ein nahezu völlig spannungsloses Verhältnis zum persönlichen Umfeld, das die Nativen unterstützt und fördert.

Umgekehrt wissen Freunde und Bekannte, dass sie sich auf die Nativen verlassen können. So werden alle wirklichen Bekanntschaften von einem wechselseitigen Vertrauen getragen, das viele Konflikte, wie sie in zwischenmenschlichen Beziehungen an der Tagesordnung sind, gar nicht erst aufkommen lässt.

Von entscheidender Bedeutung ist jedoch die Fähigkeit der Nativen, allen Beziehungen einen übergeordneten Sinn geben zu können, der über die Befriedigung persönlicher Kontaktwünsche hinausgeht. Dies kann sich in der Einsicht zeigen, im beruflichen und privaten Bereich ein wenig die Rolle eines positiven Katalysators zu übernehmen. Das heißt, ohne spezielles Konzept oder konkrete Einmischungen schaffen die Nativen Möglichkeiten, dass Spannungen zwischen zerstrittenen Parteien abgebaut werden und eine Verständigung wieder möglich wird. Zudem besitzen sie häufig die wunderbare Eigenschaft, allein durch ihre Anwesenheit das Selbstwertgefühl anderer aufbauen zu können.

Menschen mit dieser Konstellation brauchen soziale Kontakte wie die Luft zum Atmen. Sie sollten deshalb jeden, der zu ihrem Bekanntenkreis gehört, entsprechend respektieren. Wer in Spannungssituationen anderen das Gefühl gibt, austauschbar zu sein, muss damit rechnen, dass er selbst einmal »ausgetauscht« wird.

Prinzip: strukturierte Ästhetik

Konjunktion

Entspricht auch Venus im zehnten Haus und Saturn im zweiten und siebten Haus

Die Konjunktion von Venus und Saturn symbolisiert die Verbindung von Ästhetik und Struktur, von Harmonie und Form. Im günstigen Falle wird hier ein Hang zu allzu lebensferner Romantik in geordnete Bahnen gebracht, was größere Ernsthaftigkeit, Ausdauer und Tiefe in dem Bedürfnis, die Wirklichkeit zu überhöhen, mit sich bringt.

Im weniger günstigen Falle besteht eine »Begegnungsblockade«; das heißt, insbesondere traumatische Ereignisse in der Kindheit und Pubertät führten zu einer gestörten Kontakt- und Beziehungsfähigkeit.

Sowohl innere Hemmung als auch das romantische Bedürfnis nach partnerschaftlicher Nähe führen zu einem erhöhten Nähebedürfnis, das sich, ist erst einmal die Angst vor Ablehnung gebrochen, recht heftig Bahn bricht. Oft möchte der Horoskopeigner aus Unsicherheit und Angst das Bedürfnis nach zwischenmenschlicher Nähe und Partnerschaft kaschieren und gibt sich deshalb betont unabhängig oder gar abweisend. Unbewusst besteht hier jedoch die Hoffnung, dass andere das Spiel durchschauen mögen und dennoch die Nähe des Nativen suchen. Dies gelingt nicht immer, da die zur Schau gestellte Zurückweisung oft so glaubhaft wirkt, dass er sich seine Umwelt damit tatsächlich vom Leibe hält, was paradoxerweise dann häufig als Ablehnung interpretiert wird und zu entsprechenden depressiven Verstimmungen führt.

Viele Menschen mit dieser Konstellation wurden als Kinder nicht ernst genommen. Die Eltern gaben ihnen beständig das Gefühl, unmündig und unfähig zu sein. In vielen Familien wurde dieser Eindruck mit einer solchen Intensität vermittelt, dass sich die Kinder mit einer Venus-Saturn-Verbindung noch im weit fortgeschrittenen Erwachsenenalter von ihren Eltern abhängig wähnen und keine wesentliche Entscheidung ohne ihre Erlaubnis treffen. Ursache ist hier das Bedürfnis der Eltern (insbesondere des gegengeschlechtlichen Elternteils), das Kind in Abhängigkeit zu halten, um sich so seiner Willfährigkeit sicher sein zu können. Fast immer ergibt sich hieraus ein latenter Hass mit gewalttätigen Fantasien in Bezug auf das andere Geschlecht, von dem der Native sich in einer inflationären Erweiterung des Elternbezugs unterdrückt, gemaßregelt und entmündigt fühlt. Oft ist eine künstlerisch-musikalische Begabung vorhanden, gelegentlich besteht auch kunsthandwerkliches Geschick. Die Förderung und Entwicklung dieser Begabungen sind geeignet, die durch die familiäre Entwicklung entstandenen seelischen Verletzungen zu überwinden.

Viele Menschen mit dieser Konstellation erreichen in ihrem Leben berufliche Positionen, die ihnen Macht und Verantwortung über andere geben. Der an ethischen Prinzipien orientierte Umgang mit diesen Privilegien ist ebenfalls geeignet, alte Verletzungen und Erniedrigungen hinter sich zu lassen.

Spannungsaspekte (Opposition und Quadrat)

Entsprechen auch Spannungsaspekten zwischen den Herrschern von Haus zwei und sieben und Haus zehn

Diese Konstellation trägt ein über das Übliche hinausgehendes Spannungspotenzial zwischen den Bereichen Beruf und allgemeine Lebensorientierung und Partnerschaft in sich. Das heißt, bei diesem Aspekt geraten die übergeordneten Lebensziele und der private Begegnungsbereich permanent in nur ausgesprochen schwer zu harmonisierende Konflikte. Auf den Alltag übertragen bedeutet dies, dass Menschen, die sich hauptsächlich auf ihre Karriere und Ähnliches konzentrieren, große Schwierigkeiten haben werden, sich die Freundschaften und Partnerschaften aufzubauen, nach denen sie sich sehnen. Umgekehrt wird jemand, der sich Partnerschaft und Familie als Lebensmittelpunkt gewählt hat, diese letztlich als Hindernis oder sogar als Gegner bei der Verfolgung höherer Ambitionen sehen. Selbstverständlich sind diese Spannungsaspekte kein unabänderliches Schicksal, sondern die Herausforderung, sich einer schwierigen Aufgabe zu stellen und sie zu meistern. Spannungsaspekte zwischen Venus und Saturn symbolisieren die Unverbundenheit von Ästhetik und Struktur, von Harmonie und Form. Im günstigen Falle wird hier ein Hang zu übergroßer Ordnungsliebe (Saturn = Ordnung/Venus = Liebe) aufgebrochen, was größere Ernsthaftigkeit, Ausdauer und Tiefe in dem Bedürfnis, verkrustete Formen in Kunst, Ästhetik, sozialem Umgang und Ethik zu überwinden und infrage zu stellen, mit sich bringt.

Im weniger günstigen Falle besteht – wie bei der Konjunktion – eine »Begegnungsblockade«, das heißt, insbesondere traumatische Ereignisse in der Kindheit und Pubertät führten zu einer gestörten Kontakt- und Beziehungsfähigkeit.

Sowohl innere Hemmung als auch das romantische Bedürfnis nach partnerschaftlicher Nähe führen zu einem überhöhten Nähebedürfnis, das sich, ist erst einmal die Angst vor Ablehnung gebrochen, recht heftig Bahn bricht. Im Extremfall erdrücken wir den anderen mit den eigenen Wünschen nach Hingabe, Intensität und Tiefe dermaßen, dass dieser auf Distanz geht oder gar regelrecht die Flucht ergreift.

Hier gilt es zu lernen, dass in Wahrheit das eigene Unbewusste versucht, Ablehnung und Sehnsucht nach Nähe zu verbinden, indem der Native den Part der Hingabe (Venus), der Partner den der Zurückweisung (Saturn) übernimmt.

Viele Menschen mit dieser Konstellation wurden – wiederum wie bei der Konjunktion – als Kinder nicht ernst genommen. Die Erwachsenen im Allgemeinen und die Eltern im Besonderen gaben ihnen beständig das Gefühl, unmündig und unfähig zu sein. In vielen Familien wurde dieser Eindruck mit einer solchen Intensität vermittelt, dass sich die Kinder mit einer Venus-Saturn-Verbindung noch im weit fortgeschrittenen Erwachsenenalter von ihren Eltern abhängig wähnen und keine wesentliche Entscheidung ohne ihre Erlaubnis treffen.

Genauso ist allerdings auch eine frühzeitige Scheinunabhängigkeit möglich. Auch wenn die äußeren Kriterien einer selbstständigen Existenz wie eigene Wohnung und Arbeitsplatz erfüllt sind, so bleibt doch ein ungelöster Autoritätskonflikt bestehen. Die größte Falle dieser Konstellation liegt in der Projektion der unbewältigten Autoritätskonflikte auf den Partner. Dieser soll dann als »Elternersatz« den Schutz und die Geborgenheit geben, die der Horoskopeigner zu Hause nicht erhalten hat. Gleichzeitig wird er jedoch dafür bekämpft, da er sich verständlicherweise entmündigt und wie ein Kind behandelt fühlt. Lernaufgabe und Herausforderung ist hier der Erwerb der Fähigkeit, sich angemessen abgrenzen zu können, das heißt, weder dem anderen Dinge abzuverlangen, die ausschließlich im eigenen Verantwortungsbereich liegen, noch aus falschem Stolz Unterstützung abzulehnen, die einem der Partner anbietet.

Harmonische Aspekte (Trigon und Sextil)

Entsprechen auch harmonischen Aspekten zwischen den Herrschern von Haus zwei und sieben und Haus zehn

Für Menschen mit dieser Konstellation bedeutet der Kontakt zu anderen alles. In vielfacher Hinsicht sind zwischenmenschliche Beziehungen hier Lebenssinn und -aufgabe. Harmonische Aspekte zwischen Venus und Saturn weisen deshalb darauf hin, dass es für eine erfüllte Existenz keine vollständige Trennung zwischen Beruf und Privatleben geben kann. Genauso wenig ist hier eine Tätigkeit vorstellbar, die nicht von den Beziehungen zu anderen geprägt ist.

Oft ist ein bemerkenswertes Strukturierungs- und Organisationstalent gegeben, sodass die Nativen in Berufen, in denen sie koordinative Aufgaben übernehmen können, gut aufgehoben sind.

Venus-Uranus-Aspekte

Prinzip: exzentrische Hingabefähigkeit

Konjunktion

Entspricht auch Venus im elften Haus und Uranus im zweiten und siebten Haus

Die Konstellation bedeutet das gleichzeitige Auftreten von Freiheitsdrang und Begegnungswunsch, von Unabhängigkeitsstreben und Hingabeverlangen. Im praktischen Leben äußert sich die Verbindung der beiden Planetenprinzipien in der ausgeprägten Neigung, sich in Partnerschaftsfragen von niemandem festlegen oder gar erpressen zu lassen. Wenn Partner und Freunde versuchen, mit Druck Verhaltensänderungen zu erzwingen, werden sie nur das Gegenteil erreichen.

Menschen mit einer Venus-Uranus-Konjunktion im Horoskop sind in ihren Interessen und Motiven wechselhaft und spontan. Planung ist für diese Menschen zwar identisch mit Ordnung und Sicherheit, aber eben auch mit Langeweile.

Wer eine Venus-Uranus-Konjunktion im Horoskop hat, wird sich mit allem Durchschnittlichen und Mäßigen bei anderen schwertun. Nur das Außergewöhnliche, Extravagante und Exzentrische kann wirklich faszinieren und die Aufmerksamkeit erregen. »Entweder richtig oder gar nicht« scheint auch in Partnerschaftsfragen die Devise der Nativen zu sein. Leider wechseln sie selbst innerhalb einer Beziehung gerne zwischen diesen beiden Polen, sodass ihre Partner es nicht immer leicht haben herauszufinden, woran sie sind.

Diese wechselhafte Motivation mag auf manche schon fast manisch-depressiv wirken. Wenn sie sich jedoch für etwas oder jemanden begeistern, dann ist die Begeisterung im wahrsten Sinne des Wortes grenzenlos. Dieser Überschwang kann blitzschnell in heftigste Ernüchterung umkippen, genügt doch schon eine Kleinigkeit, um Enthusiasmus in Enttäuschung zu verwandeln. Die außergewöhnliche Exzentrizität im Motivations- und Begegnungsbereich kann häufig auch auf die familiäre Situation in der Kindheit zurückgeführt werden.

Zuwendung – insbesondere die der Mutter – wurde als unkontrollierbar, widersprüchlich und unberechenbar erlebt. Oft konnte die Mutter selbst nur selten echte Nähe zu ihrem Kind zulassen. Der Native lernt als seelischen Selbstschutz, sich in seinen Wünschen und Interessen von der mütterlichen Zuwendung unabhängig zu machen. Meinungen und Einstellungen werden unbestimmt und doppeldeutig formuliert, damit er nicht »festgenagelt« und damit bewertet und verurteilt werden kann. Die Fähigkeit zu diffusen Einstellungen wird mit wachsendem Alter zunehmend perfektioniert.

Als Konsequenz ergibt sich eine gewisse emotionale Distanz der Mutter sowie den Eltern im Allgemeinen gegenüber, die in der weiteren Entwicklung auch auf das gesamte persönliche Umfeld übertragen wird. Dieser Schutz vor der Bewertung durch andere verschafft Interessensfreiräume, in denen er sich unkritisierbar und damit auch nicht manipulierbar bewegen kann.

Der Preis der Freiheit ist eine gewisse Fremdheit auch in der Beziehung zu engsten Vertrauten – niemand kennt ihn wirklich. Venus-Uranus-Konstellationen weisen die Eigentümlichkeit auf, dass auch dieser einem relative Freiheit und Unabhängigkeit sichernde Aspekt mit den Jahren in wachsendem Maße als eher schmerzhaft empfunden wird. So mag es mancher in der Kindheit und Jugend vielleicht genossen haben, anders als die anderen zu sein und sich kaum Gruppenzwängen beugen zu müssen. Oft kommt es jedoch um das zweiundvierzigste Lebensjahr zu einer partnerschaftsbezogenen Sinnkrise, in der Einsamkeitsängste und das Gefühl, vom Leben abgeschnitten zu sein, aufbrechen.

Viele Venus-Uranus-Geborene lernen in dieser Phase, sich anderen – oft einem neuen Partner – gegenüber zu öffnen, sich seelisch einzulassen und damit auch angreifbar zu machen. Eine solche Entwicklung wird immer wieder durch ein plötzliches Auf-Distanz-Gehen unterbrochen, wenn die Angst, durch die Offenheit verletzt zu werden, wieder einmal allzu groß wird. Letztlich gelingt es jedoch in den meisten Fällen, aus einer alten Schwäche eine neue Stärke zu machen: Die wachsende Gewissheit, dass mit dem Zulassen von Nähe die Fähigkeit zur Distanzierung nicht verloren wird, schafft das für eine echte Begegnungsfähigkeit notwendige Selbstvertrauen.

Spannungsaspekte (Opposition und Quadrat)

Entsprechen auch Spannungsaspekten zwischen den Herrschern von Haus zwei und sieben und Haus elf

Unabhängigkeit ist allen Menschen mit dieser Konstellation sehr wichtig. Manchmal vielleicht sogar ein wenig zu wichtig, wenn nämlich die Begegnungs- und Kontaktfähigkeit darunter zu leiden hat. Im Extremfall geht der Native ausgerechnet den Menschen besonders deutlich aus dem Weg, bei denen er Gefahr laufen könnte, sie zu mögen. Es ist offensichtlich, dass in diesem Falle nur Bekanntschaften und Freundschaften zu Personen übrig bleiben, die er eigentlich nicht übermäßig mag ... Dieses scheinbar paradoxe Verhalten erwächst aus der Angst, emotionale Selbstständigkeit und Unabhängigkeit zu verlieren. Schließlich können wir den Verlust von Bekannten leichter verschmerzen als den von Freunden – und diesen wiederum leichter als den von Partnern.

Wenn entsprechend traumatische Kindheitserfahrungen vorliegen, kann sich die Angst vor zwischenmenschlicher Nähe sogar in einem übermäßigen Misstrauen gegen jede Form von Anerkennung, Lob und Geschenken äußern. Ursache für dieses eigentümliche Verhalten ist die meist unbewusste Angst, vereinnahmt, »angemacht« und zur Freundlichkeit oder sogar Freundschaft gezwungen zu werden.

Wenn solch extreme Verhaltensmuster in Erscheinung treten, dann kann mit an Sicherheit grenzender Wahrscheinlichkeit von einer dominanten und problematischen Mutterbindung ausgegangen sein. Meist war die Mutter mit sich als Frau unzufrieden und konnte ihre eigene Weiblichkeit nicht wirklich respektieren. Das heißt, sie wollte wohl begehrt und als attraktiv empfunden werden, war jedoch oft nicht wirklich hingabefähig. Entsprechend zwiespältig war dann wohl auch ihre Reaktion, wenn sie bei ihrem Partner und anderen Männern die Wirkung erzielte, um die sie sich ja so sehr bemühte: Einerseits genoss sie die Selbstbestätigung, andererseits empfand sie das Begehren, das sie selbst inszeniert und ausgelöst hatte, als bedrohlich. So kann das schizoide Muster entstehen, dass Attraktivität und das Erregen von Aufmerksamkeit zum Selbstzweck werden und Nähe nicht schaffen, sondern letztlich verhindern sollen.

Auch wenn dieses Muster nicht so ausgeprägt ist wie oben beschrieben, so sind hier doch paradoxe Gefühlsreaktionen recht häufig. Viele Native machen sich zum Beispiel das Leben dadurch schwer, dass sie sich für die Erfüllung ihrer Wünsche (im Beruf, in der Partnerschaft) anstrengen, um dann, wenn sie endlich am Ziel sind, nichts mit dem Ergebnis anfangen können. Auch hier kann die unbewusste Angst vermutet werden, dass bei echten Bindungen Abhängigkeit und Enttäuschung bereits programmiert sind.

Menschen mit Spannungsaspekten zwischen Venus und Uranus im Horoskop verfügen häufig über eine Art sechsten Sinn: Jede Form von zwischenmenschlicher Unstimmigkeit, Lügen, ausweichende Reaktionen usw. werden von ihnen fast schon seismografisch registriert und wahrgenommen. Diese Empfindungen müssen nicht bewusst werden, häufig äußern sie sich einfach in Form von Unruhe, der Native fühlt sich in der Situation und mit den Menschen in seiner Umgebung nicht mehr wohl und versucht sie so schnell wie irgend möglich wieder zu verlassen.

Bei dieser Konstellation sollten wir darauf achten, uns nicht mit zu vielen Dingen und Personen gleichzeitig zu beschäftigen, obwohl gerade hier die Neigung besonders groß ist. Permanente Begegnungsüberforderung kann bei Spannungsaspekten zwischen Venus und Uranus zu massiven vegetativen und neuralgischen Störungen führen. Ein harmonisches Lebensumfeld ist hier deshalb besonders zu empfehlen.

Harmonische Aspekte (Trigon und Sextil)

Entsprechen auch harmonischen Aspekten zwischen den Herrschern von Haus zwei und sieben und Haus elf

Menschen mit dieser Konstellation wirken oft schon in ihrer Jugend wie besondere Persönlichkeiten. Sie sind irgendwie anders, und da dies von ihrer Umgebung als anziehend und interessant empfunden wird, sind andere auch gerne bereit, ihnen eine Sonderrolle zuzugestehen. Das heißt, Anforderungen, die zum Beispiel in der Schule oder in der Ausbildung für alle gelten, erfahren bei den Nativen, so sie dies wünschen, oft einmal eine Ausnahme.

Ein Grund hierfür mag sein, dass sie in ihrer Kindheit Bedingungen vorfanden, die für die Entwicklung ihrer selbstbewussten und originellen Begegnungsfähigkeit in besonderem Maße förderlich waren.

Die größte Schwierigkeit dieses an sich problemlosen und positiven Aspektes liegt in einer gewissen Naivität in Bezug auf Bekanntschaften und Partnerschaften. Aufgrund mangelnder persönlicher Erfahrung wissen die Nativen nicht, wie provozierend, sogar beängstigend und bedrohlich Begegnungsweisen sein können, die bisher vertraute Muster infrage stellen. So machen sie sich manchmal ungewollt Feinde beim anderen Geschlecht. Sie werden in vielen Fällen als Konkurrenz empfunden und auch als solche behandelt. Erst durch schmerzhafte Erfahrungen lernen sie, in welchem Maße sie das Begegnungsverhalten und das Selbstbild ihrer Geschlechtsgenossen infrage stellen. Lernaufgabe und Herausforderung dieser Konstellation liegen in der Entwicklung der Fähigkeit, in Freundschaften, Bekanntschaften und Partnerschaften das Augenmerk auf Gemeinsamkeiten und nicht auf Unterschiede zu legen.

Prinzip: romantische Ästhetik

Konjunktion

Entspricht auch Venus im zwölften Haus und Neptun im siebten und zweiten Haus

Die Konjunktion von Venus und Neptun symbolisiert die Verbindung von Ästhetik und Idealismus, von Harmonie und Romantik. Wesentliches Kriterium dieser Konstellation ist die Sehnsucht nach einer romantisch-idealistischen Form von Vollkommenheit, insbesondere im partnerschaftlichen Bereich. Instinktiv und in der späteren Entwicklung bewusst, wissen die unter einer Venus-Neptun-Konjunktion Geborenen, dass ihre Sehnsucht in dieser materiellen und physischen Welt nicht gestillt werden kann. Manche richten ihre Aufmerksamkeit auf die Kunst, die ja eine Überholung der Wirklichkeit darstellt, andere lesen vielleicht einfach gern Liebesromane oder sehen Arztfilme.

Für manche wird die Sehnsucht an sich zu einer besseren Variante der Wirklichkeit, was so weit führen kann, dass der Horoskopeigner im Beziehungsbereich lieber vergeblich einen scheinbar idealen, aber unerreichbaren Partner liebt, als sich für jemanden zu entscheiden, der tatsächlich fähig und bereit ist, mit einem das Leben zu verbringen.

Eine andere Variante ist die Tendenz zu verheirateten oder auch (z. B.) alkoholkranken Partnern, bei denen er immer auf eine bessere Zukunft hoffen kann, wenn erst einmal die Scheidung ausgesprochen oder die Sucht überwunden ist. Im Grunde ihres Herzens wissen sie genau, dass dies niemals stattfinden wird, ja, dass sie ihren Partner genau aus diesem Grund gewählt haben.

Genauso wie bei diesem Aspekt die Fähigkeit vorhanden ist, die Wirklichkeit durch eine Traumwelt beiseitezuschieben, so ist auch die Gabe einer äußerst sensiblen und verfeinerten Wahrnehmung vorhanden. Alle Störungen einer harmonischen Situation werden registriert und seien sie noch so subtil. Hieraus kann sich ein tiefes psychologisches Verständnis für andere Menschen entwickeln, das in vielen Fällen auf die eine oder andere Weise in den Beruf einfließt.

In der Tat haben viele Nativen den Drang und die Begabung, einen helfenden, sozialen Beruf zu ergreifen, der ihnen die Möglichkeit gibt, mit anderen Menschen zu arbeiten.

Spannungsaspekte (Opposition und Quadrat)

Entsprechen auch Spannungsaspekten zwischen dem Herrscher von Haus zwei und sieben und Haus zwölf

Spannungsaspekte zwischen Venus und Neptun entsprechen einer extrem sensibilisierten Objektorientierung und Begegnungsfähigkeit.

Menschen mit dieser Konstellation haben Schwierigkeiten, auf konventionelle Weise Beziehungen zu anderen Menschen einzugehen und zu führen. Insgeheim sehnen sie sich beim Partner nach einer Weisheit und einem intuitiven Verständnis, das alle Erklärungen überflüssig macht. Letztlich geht dies so weit, dass der Geborene sich nach jemandem sehnt, der besser und genauer als er selbst weiß, was er braucht.

Dem konkreten Alltag begegnet der Horoskopeigner eher etwas ratlos und irritiert, da er der rein physischen Welt immer noch ein wenig staunend und fremd gegenübersteht. Wenn allerdings die Sehnsucht nach höherem Wissen und Verstehen so überhandnimmt, dass die Orientierung im Alltäglichen als unerträglich unbefriedigend und langweilig empfunden wird, so kann dies fatale Folgen haben. Es entwickelt sich eine Vermeidungshaltung gegenüber jeder Art von echter Anstrengung, die Nativen verlieren die Fähigkeit, konkrete Wünsche zu formulieren und ihre Verwirklichung anzustreben. All dies wird auf den imaginären oder auch realen Partner projiziert. So erfüllend der mystische Zugang zu Liebe und Partnerschaft sein kann, es nützt diese Gabe doch wenig bei der

Bewältigung des Haushalts, der Klärung unterschiedlicher Vorstellungen über Kindererziehung oder der Zahlung der Miete.

Die Spannungsaspekte zwischen Venus und Neptun sind ein Hinweis auf Persönlichkeiten, die unter dem Gefühl leiden, von ihren Partnern und Freunden nicht ausreichend und respektvoll genug zur Kenntnis genommen zu werden. Geht der andere jedoch auf sie in der Weise ein, wie sie sich das eigentlich wünschen würden, so reagieren sie oft verwirrt und desorientiert.

Diese Schwäche kann überwunden werden, indem sie sich bemühen, ihre Wünsche und Sehnsüchte so sehr zu konkretisieren wie nur irgend möglich, und auch den Menschen, die ihnen wichtig sind, zu zeigen. Dies mag vielleicht nicht so beeindruckend sein, wie ihre spirituellen Sehnsüchte und Erfahrungen, dennoch werden sie damit auf mehr Interesse und Verständnis stoßen als mit irgendetwas anderem.

Harmonische Aspekte (Trigon und Sextil)

Entsprechen auch harmonischen Aspekten zwischen den Herrschern von Haus zwei und sieben und Haus zwölf

Die harmonische Verbindung von Venus und Neptun entspricht einem sensibilisierten, ästhetisch und oft auch künstlerisch geprägten Idealismus. Die Nativen können auch subtile seelische Vorgänge bei Bekannten oder beim Partner erspüren.

Dieser Aspekt ist das kosmische Symbol für das konfliktlose, friedliche Zusammenleben aller Menschen, die Erweiterung von Möglichkeiten zu gegenseitiger Begegnung. Menschen, die dieses Potenzial aktiv nutzen, gelingt es fast immer, durch intensives Einfühlen in ihr Gegenüber eine gemeinsame, für beide Seiten angenehme oder sogar beglückende Basis zu finden. Die Verständigung findet hier nicht, wie bereits angedeutet, rational, sondern im Gegenteil intuitiv statt.

In den Nativen wohnt die Sehnsucht und die Vision einer alle Grenzen überwindenden Harmonie. Diese Sehnsucht ist letztlich mit einer überpersönlichen Liebe zu allem Lebendigen oder überhaupt zu allem Bestehenden identisch.

Diese Vision ist selbstverständlich eine Utopie, jedoch eine Utopie, ohne die unser Leben kaum einen Sinn hätte. Sie macht Gemeinschaft und Gemeinsamkeit möglich, wo es sonst nur Clan-Denken, Machtkämpfe und rücksichtslosen Egoismus gäbe.

In der Kunst kann die Aussöhnung des scheinbar Unvereinbaren und die Verbindung des angeblich unüberwindlich Getrennten am einfachsten gelebt und gezeigt werden.

Aber auch in der Mystik, in der karitativen Arbeit und sogar in der avantgardistischen Wissenschaft kann sich diese Qualität manifestieren.

Komponisten wie zum Beispiel Claude Debussy konnten die Grenzen herkömmlicher Musik überwinden und dabei gleichzeitig humanistische Romantiker bleiben.

Wissenschaftler wie der Delfinforscher John Lilly eröffnen uns Perspektiven zur Verständigung mit Tieren.

Die Utopie einer grenzenlosen Gemeinschaft ist in der Zeit des »globalen Dorfes«, in der uns immer mehr verbindet, während gleichzeitig soziale, ethnische und religiöse Konflikte immer unbarmherziger aufeinanderprallen, notwendiger denn je.

Venus-Pluto-Aspekte

Prinzip: vorstellungsbezogene Begegnungsfähigkeit

Konjunktion

Entspricht auch Venus in Haus acht und Pluto in Haus zwei und sieben

Die Konjunktion von Venus und Pluto ist eine der leidenschaftlichsten Konstellationen. Keine andere Planetenverbindung ermöglicht eine solch intensive und heftige Begegnungs- und Bindungsfähigkeit.

Venus-Pluto-Konjunktionen symbolisieren das Bedürfnis, sich in einer Beziehung vollständig mit den Werten des Gegenübers identifizieren zu können. Menschen mit dieser Konstellation sehnen sich daher nach einem perfekten Partner, der ihren überaus hohen Erwartungen gerecht werden kann.

Der andere wird damit gleichzeitig idealisiert und auf die eigenen Vorstellungen reduziert. Ist er nicht in dem Maße perfekt, wie dies von ihm erwartet wird, verliert er blitzartig an Attraktivität, und schwerwiegende Konflikte sind programmiert. Denn neben der großen Enttäuschungsbereitschaft, die sich aus der Unvereinbarkeit von Ideal und Wirklichkeit ergibt, besteht eine außerordentliche Bindungsintensität. Das heißt, Beziehungen, die einmal eingegangen wurden, können oft nur schwer und unter großen Schmerzen und gegenseitigen Verletzungen wieder gelöst werden. Der Native gerät also – vereinfacht gesagt – in die unerfreuliche Situation, dass er in zwischenmenschlichen Beziehungen und insbesondere in Partnerschaften zwar schnell ernüchtert und enttäuscht ist, es jedoch nur schwer schafft, sich aus einmal eingegangenen Bindungen wieder zu befreien. Im Extremfall kann hier das Empfinden entstehen, dass er sich wie die Fliege im Spinnennetz fühlt.

Venus-Pluto-Konjunktionen symbolisieren das Bedürfnis, die eigene Hingabefähigkeit in den Dienst überpersönlicher Zielsetzungen zu stellen. Menschen mit dieser Konstellation sehnen sich daher nach Werten, die den höchsten persönlichen Einsatz, den größten Verzicht wert sind. Klassische Entsprechungen sind hier Tätigkeiten in sozialen und religiösen Institutionen, aber auch ein radikales politisches Engagement.

Im Denken und in persönlichen Einstellungen besteht eine außergewöhnliche Konsequenz. Die Nativen bemühen sich sehr um eine widerspruchsfreie Einstellung allen Dingen gegenüber. Dies lässt sie oft dogmatisch und intolerant wirken, dabei wollen sie die Kürze des Lebens nur nicht mit Halbheiten verschwenden. Meist formte sich die Fähigkeit zu uneingeschränkter Konsequenz im Denken in der Pubertät, wo der Heranwachsende oft leidvolle Erfahrungen mit der mangelnden Charakterstärke der Eltern oder anderer wichtiger Bezugspersonen machen musste. Vor allem die Mutter, die der Horoskopeigner gerne als ruhenden Pol in der Familie und Archetypus des Weiblichen bewundert und verehrt hätte, wurde durch enttäuschende Erfahrungen entzaubert, indem sie sich als unbeständig, widersprüchlich und ungerecht erwies. Vielfach äußerte sich die Charakterschwäche der Mutter in permanenter nörgelnder Kritik am Vater und an den Kindern, während sie ihren eigenen Schwächen gegenüber ausgesprochen tolerant war. Zumindest unbewusst wurden die Enttäuschung und die daraus erwachsende stille Verachtung des Nativen vom betroffenen Elternteil durchaus wahrgenommen. Die, vor allem für betroffene Mütter, rational kaum erträgliche Scham, in ihrer Schwäche und Inkonsequenz vom eigenen Kind durchschaut und letztlich sogar verachtet zu werden, wird durch mangelnde Anerkennung seiner Fähigkeiten und Leistungen, vor allem aber durch das Einpflanzen von Versagensängsten abzumildern versucht: Je mehr sie das Selbstwertgefühl des Kindes verletzte, umso besser ließ sich die eigene Kleinheit kaschieren.

Der von der Mutter aufgezwungene verbrämte Kampf um Liebe und die sich daraus zwangsläufig ergebende mangelnde seelische Geborgenheit waren schmerzhaft und ein hoher Preis. Aber viele Native haben so gelernt, Kritik und Anerkennung durch andere angemessen einzuschätzen. Sie können für ihre Ziele alle Reserven mobilisieren. Doch diese Ziele suchen sie sich nun selbst aus. Ihre Eltern konnten sie sich nicht aussuchen. Es gibt deshalb auch nichts, was sie ihnen allein aufgrund der Tatsache, dass sie ihre Erzeuger sind, schulden würden.

Spannungsaspekte (Opposition und Quadrat)

Entsprechen auch Spannungsaspekten zwischen den Herrschern von Haus zwei und sieben und Haus acht

Spannungsaspekte zwischen Venus und Pluto sind ein Hinweis auf die Widersprüchlichkeit von Erwartungen an andere und der

Bindungsfähigkeit. So besteht paradoxerweise eine besondere Anziehung zu Menschen, die der Native eigentlich gar nicht mag und die auch nicht zu ihm passen. Zu geeigneten Partnern kann keine Beziehung aufgebaut werden, oder die Horoskopeigner enttäuschen diese durch Unzuverlässigkeit und Untreue. Es besteht auch die Neigung, Nahestehende für eigene Schwächen verantwortlich zu machen.

Spannungsaspekte zwischen Venus und Pluto sind ein Hinweis auf die Widersprüchlichkeit von Erwartungen an andere und körperlich-instinktiven Wünschen. Das heißt, Liebe und Sexualität sind hier oft in einer für den Nativen schmerzhaften Weise voneinander getrennt. Im Extremfall mündet dies in dem Paradox, dass er nur Beziehungen zu Partnern eingehen kann, zu denen er sich erotisch nicht hingezogen fühlt. Sexuelle Befriedigung hingegen findet er nur in Kontakten, die die Möglichkeit einer Partnerschaft von vornherein ausschließen. Hier handelt es sich wohlgemerkt um seltene und extreme Entsprechungen. Ein Abglanz dieser Problematik wird sich allerdings bei allen Spannungsaspekten zwischen Venus und Pluto nachweisen lassen.

In psychologischer Hinsicht sind hier manchmal anerzogene Schuldgefühle ursächlich: Lustempfinden und Geborgenheit in der Partnerschaft müssen durch Perfektion verdient werden. Der Horoskopeigner ist nicht an und für sich liebens- und begehrenswert, sondern muss sich diesen Status erst erarbeiten. So entsteht die paradoxe Situation, dass er sich für Partner, die er liebt oder doch zu lieben meint, regelrecht aufopfert und gerade deshalb seine Hingabefähigkeit verliert. Spannungsaspekte zwischen Venus und Pluto geben uns die Chance, zu lernen, dass niemand perfekt ist und der Versuch, es zu sein, jede echte Begegnungsfähigkeit zerstört. Menschen mit Spannungsaspekten zwischen Venus und Pluto müssen begreifen lernen, dass sie liebenswert sind, so, wie sie sind – ohne eine Leistung, ohne Perfektion und erst recht ohne Zwanghaftigkeit.

Wir können nur dann von einem Partner einfordern, uns mit all unseren Schwächen und Fehlern anzunehmen, wenn wir ihm selbst das Gefühl zu geben vermögen, dass er ohne Bedingungen akzeptiert wird. Somit mag die Lernaufgabe und Herausforderung dieser Konstellation darin bestehen, dass wir perfekte Partner und perfekte Freunde werden; nämlich Menschen, die trotz allem unverbrüchlich zueinanderstehen.

Harmonische Aspekte (Trigon und Sextil)

Entsprechen auch harmonischen Aspekten zwischen den Herrschern von Haus zwei und sieben und Haus acht

Harmonische Aspekte zwischen Venus und Pluto bieten die Chance für ein ausgeglichenes Verhältnis zwischen der Verwirklichung persönlicher Interessen und dem Verantwortungsgefühl Freunden und Partnern gegenüber. Sie haben meist den Anspruch und die Fähigkeit, nicht mehr zu verlangen, als sie auch zu geben bereit sind. So genießen sie in ihrer persönlichen Umwelt die Vorzüge eines natürlichen Charismas.

Menschen mit harmonischen Venus-Pluto-Aspekten haben oft instinktiv verstanden, dass wir uns nur auf Menschen intensiver einlassen sollten, mit denen wir uns auch auf Dauer wohlfühlen können.

Meist wissen sie ganz genau, was sie von anderen Menschen wünschen und erwarten. Dabei muss dies keineswegs ein bewusster, rationaler Vorgang sein. Vielmehr finden diese Vorgänge gegenseitiger Anziehung und Abstoßung mittels der berühmten »Schwingungen« statt, die jeder spüren, aber keiner genauer definieren kann.

So bietet dieser Aspekt mehr als andere Konstellationen die Chance zu fairen, offenen und für alle Seiten befriedigenden zwischenmenschlichen Beziehungen. Harmonische Aspekte zwischen Venus und Pluto bieten die Chance zu einem ausgeglichenen Verhältnis zwischen Vergnügen, Lebenslust und Verantwortungsgefühl.

Im Umgang mit anderen und in der Partnerschaft fällt es einem leichter als vielen anderen, verbindlich, zuverlässig und treu zu sein.

Mars-Aspekte

Prinzip: expansive Durchsetzungsfähigkeit

Konjunktion

Entspricht auch Mars in Haus neun und Jupiter in Haus eins

Menschen mit Mars-Jupiter-Konjunktionen im Horoskop besitzen in aller Regel natürliche Autorität und Führungsqualitäten. Ihre Umgebung richtet sich gerne nach ihren Vorschlägen und Anweisungen und erwartet diese mit der Zeit regelrecht. Es gibt keine andere Konstellation, die so mühe- und konfliktlos ein hierarchisches Verhältnis schafft wie Mars-Jupiter-Aspekte. Hier scheint ein besonderes Charisma der Auslöser zu sein. Konkurrenzsituationen und Machtkämpfen gehen die Nativen aus dem Weg, doch sie erwerben sich dadurch nicht den Ruf von Drückebergern, sondern finden erstaunlicherweise gerade deshalb Respekt und Anerkennung.

Oft handelt es sich um regelrechte Glückspilze, denen tatsächlich alles, was sie im Leben beginnen, zu gelingen scheint. Wesentlich für den Erfolg ist jedoch, dass Menschen mit einer Mars-Jupiter-Konjunktion im Horoskop ihr Schicksal selbst in die Hand nehmen und nicht darauf warten, dass ihnen jemand etwas schenkt. Auch wenn es für Außenstehende so scheinen mag, als ob ihnen alles zufällt, so müssen sie für das Erreichen ihrer Ziele in Wahrheit doch hart arbeiten. Das ist ihnen bei entsprechendem Einsatz allerdings so gut wie sicher, was bei anderen Konstellationen durchaus nicht immer zutrifft.

Wer aber in der Kindheit und Jugend alles bekam, ohne etwas dafür getan zu haben, muss eventuell lernen, seine überzogenen Erwartungen an das eigene Schicksal ein wenig zurück-zuschrauben, und den eigenen Einsatz stattdessen erhöhen. Dann wird sich auch bei diesen Nativen ein angemessenes Selbstbewusstsein für die persönliche Leistungsfähigkeit einstellen.

Falls andere Faktoren im Horoskop dies bestätigen, besteht bei dieser Konstellation eine gewissen Neigung zu Lebererkrankungen, insbesondere Hepatitis. Auch der Alkohol, obwohl ihn viele mögen, wird nur schlecht vertragen. Ansonsten kann von einem gesunden Immunsystem und einer entsprechend starken Körperabwehr ausgegangen werden, die für eine stabile und robuste Gesundheit sorgen.

Nicht alle, die mit einer Mars-Jupiter-Konjunktion durchs Leben gehen, wurden für die Treue geboren. Vor allem unter den Männern gibt es einige ausgesprochen aktive Schürzenjäger, die zwischen Partnerschaft und Sexualität partout keinen Zusammenhang sehen wollen.

Spannungsaspekte (Opposition und Quadrat)

Entsprechen auch Spannungsaspekten zwischen den Herrschern von Haus eins und Haus neun

Ein kluger Astrologe hat einmal gesagt: »Spannungsaspekte des Saturn sind, als ob wir nichts zu essen haben, Spannungsaspekte des Jupiter sind so, als ob wir zu viel gegessen hätten.« Das heißt, selbst schwierige Jupiter-Aspekte bergen noch etwas Positives in sich – auch wenn das Positive bedeutet, dass wir mit einem Zuviel des Guten zurechtkommen müssen.

Eine Hauptschwierigkeit der Spannungsaspekte zwischen Mars und Jupiter mag sich in Maßlosigkeit äußern: Gerade, weil der Horoskopeigner durchsetzungsfähiger ist als andere, tendiert er dazu, den Bogen zu überspannen und mehr zu wollen und zu fordern, als überhaupt möglich ist. So können im Extremfall aus Erfolgen, Misserfolge, aus einem angenehmen Gespräch Streit und aus Zufriedenheit Verbitterung werden.

Die Ursache liegt oft in der mangelnden Fähigkeit, seine eigenen Leistungen und Erfolge angemessen wahrnehmen zu können: Mancher unterschätzt sich und überschätzt andere, sodass er meint, immer noch ein zusätzliches Stück vom Kuchen zu benötigen, um satt werden zu können. Er übersieht dabei nur allzu leicht, dass er schon längst viel mehr hat als andere.

Bei manchen äußern sich diese Aspekte in übertriebener Großzügigkeit oder Verschwendungssucht. Wie jeder eigentlich wissen sollte, sind jedoch weder Freunde noch ein gutes Gewissen oder ein zufriedenes Leben zu kaufen.

Menschen mit Spannungsaspekten zwischen Mars und Jupiter müssen lernen, dass der eigene Erfolg nicht alles im Leben ist. Früher oder später spüren sie genau, dass sich mit unfairen Mitteln errungene Siege nicht auszahlen. Wenn sie sich in einer materiell befriedigenden Situation befinden, sollten sie versuchen, etwas für diejenigen zu tun, die nicht so viel Glück hatten wie sie. Sie wissen dann, auf wen sie zählen können, wenn es ihnen selbst einmal schlecht gehen sollte. Diejenigen, die mit ihrem Erfolg im Leben nicht zufrieden sind, sollten genau prüfen, ob sie ihre Energie wirklich für das richtige Ziel auf die richtige Art und Weise investieren. Vermutlich werden sie feststellen, dass hier kleine Korrekturen eine wesentliche Verbesserung ermöglichen.

Harmonische Aspekte (Trigon und Sextil)

Entsprechen auch harmonischen Aspekten zwischen den Herrschern von Haus eins und Haus neun

Harmonische Aspekte zwischen Mars und Jupiter verweisen auf Menschen, die die beneidenswerte Fähigkeit besitzen, sich immer das soziale Umfeld zu suchen oder gar zu schaffen, das für die Befriedigung ihrer persönlichen Bedürfnisse optimal ist. Niemand sollte erwarten, dass die Nativen sich dieser Tatsache bewusst sind. Die Vorzüge einer expansiven Durchsetzungsfähigkeit weiß nur jemand zu schätzen, der bisher nicht in den Genuss dieses Luxus gekommen ist. Viele Menschen mit diesen Aspekten im Horoskop strahlen eine natürliche Autorität aus, die manchmal regelrecht aristokratisch wirkt. Dies hängt mit ihrem angeborenen Stolz und einem gewissen Hang zur Eitelkeit zusammen.

Eine optimistische Lebenseinstellung sorgt dafür, dass Hindernisse und Schwierigkeiten kaum wahrgenommen werden. Sind sie zu groß, um ignoriert zu werden, werden sie als sportliche Herausforderung betrachtet. Nur sehr selten gerät ein Mensch mit einer dominanten Mars-Jupiter-Konstellation im Horoskop in eine Situation, der er sich nicht gewachsen fühlt oder die er als demütigend empfindet. Wenn dies doch einmal der Fall ist, so genügt meist schon die kleinste Ermutigung von außen, um sie hoffnungsvoll in die Zukunft blicken zu lassen und mit der Überwindung ihrer Schwierigkeiten zu beginnen.

Mars-Saturn-Aspekte

Prinzip: strukturierte Durchsetzungsfähigkeit

Konjunktion

Entspricht auch Mars in Haus zehn und Saturn in Haus eins

Mars-Saturn-Aspekte zeigen ein besonderes Bedürfnis nach gesellschaftlicher Anerkennung für die eigenen Leistungen. Menschen mit dieser Konstellation sind daher oft außergewöhnlich ehrgeizig. Dies zeigt sich sowohl im Beruf als auch im sportlichen Bereich.

Im persönlichen Umgang mögen Durchsetzungsschwierigkeiten vorhanden sein, die sich in der Hemmung äußern, anderen allzu deutlich die eigenen Wünsche und Bedürfnisse mitzuteilen. Ursache ist hier die Angst, ungewollt zu verletzen und damit Ablehnung zu provozieren. So nimmt der Horoskopeigner sich unaufgefordert zurück und ist auch an Stellen rücksichtsvoll, wo dies keiner von ihm erwartet.

Menschen mit Mars-Saturn-Konstellationen im Horoskop brauchen oft länger als andere, bis sie sich für eine Person oder eine Sache engagieren. Haben sie jedoch einmal »Blut geleckt«, gibt es fast nichts mehr, was sie von der Verfolgung ihres Zieles ablenken könnte. Sie gehen buchstäblich mit dem Kopf durch die Wand, und je mehr jemand sie von ihrem Ziel abbringen will, umso stärker halten sie daran fest.

Im Erotischen können sie ein wenig hölzern sein, sie haben möglicherweise Angst, ihrem Sexualtrieb freien Lauf zu lassen, da sie den Kontrollverlust und die damit verbundenen Folgen fürchten. Dies ist einer der Gründe, warum manche unter Mars-Saturn-Aspekten Geborene eine ausgesprochene Vorliebe für sadomasochistische oder andere ritualisierte Sexualpraktiken haben.

Grundsätzlich sind die genannten Hemmungen weder zwingend noch unüberwindlich. Sie entsprechen der Aufgabe und Herausforderung, zu lernen, die eigenen Triebe und Bedürfnisse zuzulassen und intensiv auszuleben, ohne dass dies auf Kosten anderer geschieht.

Spannungsaspekte (Opposition und Quadrat)

Entsprechen auch Spannungsaspekten zwischen den Herrschern von Haus eins und Haus zehn

Die Herausforderung und Schwierigkeit von Mars-Saturn-Spannungsaspekten liegt in der Unterschiedlichkeit zwischen persönlichen Bedürfnissen und gesellschaftlichen Anforderungen. Bereits durch die Erziehung der Eltern und auch durch das soziale Umfeld fühlten sie sich möglicherweise schon frühzeitig in eine Rolle gedrängt, die den eigenen Interessen zuwiderläuft. Schlimmstenfalls kann hier eine Verbitterung entstehen, welche die Mars-Saturn-Geborenen im Extremfall für ihre Umgebung zu scheinbar hartherzigen, unnachgiebigen und gefühllosen Menschen werden lassen kann. Dass die wahre Ursache dieses Verhaltens meist in einem entbehrungsreichen Leben zu suchen ist, in dem der Native die eigenen Interessen zu sehr verleugnen musste, sehen die wenigsten. So kann es in wachsendem Maße zur Isolation von der Außenwelt kommen. Allerdings wirft diese Konstellation auch ein bezeichnendes Licht auf diejenigen, welche die Nativen besonders heftig ablehnen. Denn meist handelt es sich hier um wenig durchsetzungsfähige und aggressionsgehemmte Menschen, denen es schwerfällt, an ihren Standpunkten festzuhalten, wenn diese unpopulär sind. Da Mars-Saturn-Geborene solche Probleme nicht haben, können wir getrost davon ausgehen, dass hier eine gehörige Portion Neid im Spiel ist.

Kaum eine Konstellation weist für sich allein betrachtet ein solches Maß an Leidensfähigkeit auf wie Spannungsaspekte zwischen Mars und Saturn. Wenn dies auch oft den Nachteil hat, dass länger in bedrückenden Lebenssituationen verweilt wird als notwendig und sinnvoll, so ist dieser Aspekt in Krisen- und Notzeiten eine außergewöhnliche Fähigkeit und Stärke. Mit wenigem auszukommen, sich einzuschränken, wenn es notwendig ist, die kleinen Vorräte so einzuteilen, dass es für alle reicht, kann niemand besser als der Mars-Saturn-Mensch. In solchen Situationen wachsen sie regelrecht über sich hinaus und übernehmen Führungspositionen in einer desorganisierten Umwelt. Spannungsaspekte zwischen Mars und Saturn bergen allerdings die Gefahr in sich, dass nur noch die negativen Seiten des Lebens gesehen werden und die eigene Genussfähigkeit verloren geht Chance und Herausforderung dieser Konstellation liegen in der Fähigkeit, die eigenen Grenzen zu überwinden, was ja durchaus anregend und persönlich befriedigend sein kann. Eine Möglichkeit mag in sportlichem Engagement liegen, wobei hier besonders die Ausdauersportarten geeignet erscheinen. Eine weitere Möglichkeit liegt einfach in der Veränderung der inneren Einstellung in Bezug auf persönliche Leistungen: Je mehr wir lernen, Lebensfreude, innere Gelassenheit und sinnliche Genussfähigkeit als erstrebenswerte Ziele zu sehen, umso größer wird das Vergnügen werden, mit dem wir daran arbeiten.

Menschen, die diese Lektion verstanden haben, sind in ganz besonderem Maße fähig, die Schwächen anderer zu tolerieren und ihnen bei deren Überwindung zu helfen.

Harmonische Aspekte (Trigon und Sextil)

Entsprechen auch harmonischen Aspekten zwischen den Herrschern von Haus eins und Haus zehn

Bei dieser Konstellation ist die Fähigkeit, persönliche Interessen durchzusetzen, und die Orientierung innerhalb vorgegebener Strukturen miteinander verbunden. Das heißt, unabhängig davon, wie dies von den Nativen selbst oder ihrer Umgebung empfunden wird, besteht hier das Talent, sich jeder Form von unangemessener Unterordnung zu verweigern, ohne dabei gegen bestehende Regeln zu rebellieren. So wird der Horoskopeigner etwa instinktiv Autoritäten mehr an ihrer Fachkompetenz als an ihren Titeln messen. Lehrer und Vorgesetzte, die mehr wissen und können als sie selbst, werden sie ohne große Schwierigkeiten akzeptieren können, selbst wenn sie ihnen auf der persönlichen Ebene nicht allzu sympathisch sind. Mangelnde Fähigkeiten von übergeordneten Personen oder Ungerechtigkeiten werden hingegen sofort erkannt und ziehen deren vollständigen Autoritätsverlust nach sich. Die Nativen nehmen sie einfach nicht mehr ernst und lassen keine Gelegenheit aus, um deren Unfähigkeit subtil, aber deutlich bloßzustellen.

Hier besteht die Gefahr, dass der Native sich zu sehr auf den Wert fachlicher Qualifikationen verlässt und dabei übersieht, welch entscheidende Rolle Sympathien und persönliche Vorlieben spielen. Nicht der Fähigste bekommt eine bestimmte Stelle, sondern derjenige, der dem Einstellenden am meisten zusagt. Jedem scheint bewusst zu sein, welche entscheidende Bedeutung die Vetternwirtschaft in allen Institutionen spielt, außer den Menschen mit harmonischen Mars-Saturn-Konstellationen. Diese glauben ein wenig naiv so lange daran, dass sich Qualität durchsetzt, bis sie durch schmerzhafte Erfahrungen eines Besseren belehrt werden.

Da sie selbst den Gebrauch unfairer Mittel meist ablehnen, haben sie auch kein wirkliches Gefühl dafür, in welchem Umfang und in welcher Intensität sich andere ihrer bedienen, bis sie eben selbst zum Opfer solcher Methoden werden. Dadurch, dass sie sich insbesondere im Beruf, aber auch in allen übrigen Lebensbereichen nur Ziele setzen, mit denen sie sich persönlich hundertprozentig identifizieren können, sind sie in der Verfolgung ihrer Interessen auf natürliche Weise engagiert. Sobald sie einmal die Struktur und die Regeln, nach denen ihr Interessengebiet aufgebaut ist, erfasst haben, lernen sie sehr schnell. Auf diese Weise ist es ihnen auch bald ein Leichtes, Unklarheiten und logische Widersprüche aufzudecken, mit denen sie dann Lehrer, Ausbilder und Vorgesetzte konfrontieren. Was sie erst lernen müssen, ist die Einsicht, dass ein derartiges Engagement nicht immer als unterstützenswertes Interesse an der Sache, sondern in den meisten Fällen als persönliche Kritik aufgefasst wird. Menschen mit besonderer Begabung, die diese Konstellation im Horoskop haben, werden deshalb oft von weniger fähigen Übergeordneten als Bedrohung aufgefasst, gegen die sie sich mit allen zur Verfügung stehenden Mitteln zur Wehr setzen. So mag es denn schwieriger sein und länger dauern, die angestrebte Position im Leben zu erreichen. Doch die Nativen besitzen mehr als ausreichend Ausdauer, um die beschriebenen Hindernisse zu überwinden.

Mars-Uranus-Aspekte

Prinzip: instinktiver Freiheitsdrang

Konjunktion

Entspricht auch Mars in Haus elf und Uranus in Haus eins

Mars-Uranus-Aspekte entsprechen dem Bedürfnis nach einer gesellschaftlichen Sonderrolle. Menschen mit dieser Konstellation haben meist Probleme, allgemeinverbindliche Spielregeln für sich zu akzeptieren. Sie erleben sich in vielfacher Hinsicht anders als ihre Mitmenschen und sind deshalb bewusst oder unbewusst davon überzeugt, dass Gesetze und Verhaltensnormen, die für alle anderen gut und richtig sind, für sie keine Gültigkeit haben. In der Tat handelt es sich bei Menschen, die mit einer Mars-Uranus-Konjunktion geboren wurden, oft um außergewöhnliche Persönlichkeiten, die ihren Mangel an gesellschaftlicher Anpassungsfähigkeit durch Originalität ausgleichen.

Im persönlichen Umfeld mögen Durchsetzungsschwierigkeiten vorhanden sein, die sich in der Hemmung äußern, anderen allzu deutlich die eigenen Wünsche und Bedürfnisse mitzuteilen. Ursache ist hier die Angst, ungewollt zu verletzen und damit Ablehnung zu provozieren. Hinzu kommt häufig die prägende Kindheitserfahrung, dass das Äußern instinktiver Eigenart eher bestraft als gefördert wurde. So nimmt der Horoskopeigner sich unaufgefordert zurück und ist an Stellen rücksichtsvoll, wo dies nur als Desinteresse missverstanden wird. Diese Zurückhaltung ist allerdings für alle Beteiligten von Nachteil: Unterdrückte Aggressionen und Forderungen brechen sich unerwartet und unkontrolliert Bahn. Wut, die der Native vielleicht dem Arbeitgeber gegenüber empfindet, wird am Partner oder den Kindern ausgelassen; mögliche Enttäuschungen in der Familie müssen Freunde und Kollegen büßen.

Menschen mit Mars-Uranus-Konstellation im Horoskop sind schnell bereit, sich für eine Person oder eine Sache zu engagieren. Allerdings geben sie ihr Engagement auch genauso schnell wieder auf, wenn sie spüren, dass ihre anfängliche Begeisterung nachlässt.

Spannungsaspekte (Opposition und Quadrat)

Entsprechen auch Spannungsaspekten zwischen den Herrschern von Haus eins und Haus elf

Spannungsaspekte zwischen Mars und Uranus sind ein Hinweis auf eine erhöhte Reizbarkeit. Schon kleine Anlässe können dazu führen, dass die Stimmung radikal umschlägt. Dies hängt mit der Tendenz zusammen, die Grenzen der persönlichen Belastungsfähigkeit permanent zu überschreiten. Gründe hierfür sind zum Beispiel die anlagebedingte nervöse Unruhe, der Zwang, in Bewegung sein zu müssen, um instinktiv das Aufkommen von Ängsten zu verhindern. Beengungssituationen (die hier unbewusst mit Sauerstoffmangel und Erstickungsängsten assoziiert sind) haben häufig traumatischen Charakter. Enge Räume, Aufzüge oder überfüllte Transportmittel erregen zumindest ein leicht unbehagliches Gefühl.

Allgemein liegt das Problem der Spannungsaspekte zwischen Mars und Uranus in einer übertriebenen Konfliktvermeidung. Allem, was bedrohlich sein könnte, versucht der Horoskopeigner auszuweichen. So entsteht zum einen ein erheblicher Aggressionsstau, der zur bereits genannten Reizbarkeit führt. Dies lässt der Native dann vorzugsweise an Angehörigen oder untergeordneten Mitarbeitern aus, die sich gegen diese ungerechten Angriffe nicht wirklich wehren können.

Zum anderen wird unbewusst die eigene Durchsetzungsfähigkeit infrage gestellt, da ja alle Situationen vermieden werden, in denen sie diese beweisen könnten. Diese Selbstzweifel verstärken die Neigung zu Stimmungsschwankungen und erhöhen damit die Reizbarkeit – womit der Teufelskreis geschlossen wäre.

Harmonische Aspekte (Trigon und Sextil)

Entsprechen auch harmonischen Aspekten zwischen den Herrschern von Haus eins und Haus elf

Menschen mit dieser Konstellation wuchsen meist in Lebensverhältnissen auf, in denen es weitgehend möglich war, sich massiven Auseinandersetzungen und harten Konflikten zu entziehen. Persönliche Bedürfnisse und Interessen konnten auf originelle Weise durchgesetzt werden. Auch im späteren Leben erhält sich die Fähigkeit, zur Verwirklichung persönlicher Ziele neue Wege zu beschreiten, auf denen sich dann natürlich noch niemand befindet, der konkurriert oder Widerstand leistet.

Die Nativen können es sich erlauben, aus dem Rahmen zu fallen, ohne deswegen irgendwelche Nachteile in Kauf nehmen zu müssen. Dies kann zum Beispiel durch die berufliche Situation des

Vaters gegeben sein, wenn dieser eine Position innehat, die ihm und seiner Familie Sonderrechte zubilligt. Vielleicht war der Horoskopeigner auch lediglich das Nesthäkchen der Familie, dem als Nachzügler mehr Verständnis entgegengebracht wurde als den übrigen Geschwistern.

Harmonische Aspekte zwischen Sonne und Uranus weisen oft auf sogenannte Frühentwickler hin. Obwohl die Nativen oft noch als Erwachsene gelegentlich ein wenig kindlich oder gar verspielt wirken, wissen sie doch schon in jungen Jahren, was sie wollen und wie sie es am schnellsten bekommen. Ausdauer und Geduld gehören nicht zu den von ihnen geschätzten und kultivierten Eigenschaften. »Was du tun willst, tue gleich« scheint ihr Motto zu sein. Wünsche und Pläne werden unmittelbar in die Tat umgesetzt, was auch notwendig ist, da sich die Interessen häufig ändern. So erwirbt der Horoskopeigner sich im positiven Falle ein umfangreiches Wissen zu einer Vielzahl von Themenkreisen, die sich gegenseitig ergänzen. Die Mars-Uranus-Geborenen verfügen so als Erwachsene über zahlreiche Ausbildungs- und Lebenserfahrungen, die sie zu gefragten Experten machen.

Mars-Neptun-Aspekte

Prinzip: undurchsichtige Durchsetzungsfähigkeit

Konjunktion

Entspricht auch Mars in Haus zwölf und Neptun in Haus eins

Menschen mit Mars-Neptun-Konjunktionen im Horoskop sind nur in den seltensten Fällen geborene Kämpfer. Direkte Auseinandersetzungen oder gar Gewalttätigkeiten sind ihnen ein Greuel. Vermutlich haben sie bereits in ihrer Kindheit die Erfahrung gemacht, dass sie mit Aggressivität, Toben und Schreien bei ihren Eltern überhaupt nichts erreichen. So haben sie schnell gelernt, andere, weniger konfrontative Wege zu finden, um ihre Interessen durchzusetzen. Einer davon sind – zumindest für manche – Lügen. Und es gibt unter den Mars-Neptun-Geborenen wirklich begnadete Lügner. Vielleicht sollten wir das Wort »Lügen« durch »kreative Interpretation der Wahrheit« ersetzen. Denn in der Tat geht es nur bei den wenig entwickelten Persönlichkeiten um Betrug. Reifere Charaktere versuchen lediglich, Konflikten aus dem Weg zu gehen und ihre Interessen trotzdem angemessen zu vertreten.

Mancher begegnet ihnen mit einer gehörigen Portion Misstrauen, da er instinktiv spürt, dass sie sich nicht wirklich in die Karten gucken lassen und auch ansonsten ein wenig undurchschaubar sind. Doch auch das ist lediglich Selbstschutz: Was andere nicht wissen, können sie auch nicht kritisieren oder bekämpfen. Mars-Neptun-Geborene können sich in direkten Auseinandersetzungen schlechter als andere ihrer Haut erwehren, ihnen fehlt die Fähigkeit und der Wille, sich für ihre Ideale und Überzeugungen zu prügeln. Da sie dennoch nicht bereit sind, diese mit Füßen treten zu lassen, sind sie auf Tarnmanöver angewiesen. Und hier sind sie außergewöhnlich talentiert. Oft geht ihr Talent so weit, dass sie die geborenen Schauspieler sind. Es gibt tatsächlich überdurchschnittlich viele Schauspieler, die diese Konstellation im Horoskop aufweisen.

Spannungsaspekte (Opposition und Quadrat)

Entsprechen auch Spannungsaspekten zwischen den Herrschern von Haus eins und Haus zwölf

Spannungsaspekte zwischen Mars und Neptun können auf Störungen im Energiehaushalt hindeuten: Was mit viel Elan begonnen wird, versandet schon bald in frühzeitiger Erschöpfung. Ein Grund mag die Überschätzung der eigenen Kraft sein, ein anderer die vorschnellen Zweifel, ob die geplanten Ziele tatsächlich so lohnenswert sind wie zu Anfang gedacht.

Spannungsaspekte zwischen Mars und Neptun können auf eine allzu große Sensibilität gegenüber Kritik hindeuten, die regelrecht lähmend zu wirken vermag. Schon kleine Spannungen in der Familie oder im Freundeskreis können erheblich irritieren. Durch den Hang, sich in Konfliktsituationen in eine innere Traumwelt zurückzuziehen, anstatt sich Auseinandersetzungen zu stellen, seinen Standpunkt zu vertreten und zu verteidigen, können die Nativen in wachsendem Maße auf Unverständnis stoßen. Überzogene Konfliktvermeidung wie auch maßlose Aggressivität sind die großen Fallen dieser Konstellation. Beides führt zur zumindest innerlichen Isolation, da die Gefahr besteht, dass die Nativen immer mehr die Fähigkeit verlernen, angemessen auf andere zuzugehen oder diese an sich heranzulassen.

Natürlich muss es nicht zu einer so unerfreulichen Entwicklung kommen. Gerade die Spannungsaspekte zwischen Mars und Neptun bergen ein immenses kreatives Potential in sich, das nur richtig genutzt werden muss. Der erste Schritt besteht darin, die Gefahr von Lethargie und Handlungslähmung zu überwinden. Ansatzpunkt ist die merkwürdige Fremdheit der persönlichen Triebbedürfnisse, der individuellen Sexualität und der eigenen Körperlichkeit im Allgemeinen gegenüber. Die Nativen sollten deshalb lernen, sich auf ihre physischen und instinktiven Bedürfnisse zu konzentrieren: Wie viel Schlaf benötigen sie, brauchen sie eher eine harte oder eine weiche Matratze, welche Art der Ernährung bekommt ihnen am besten, benötigen sie viel oder eher wenig Kontakt zu anderen Menschen, sind sie mit ihrem Sexleben zufrieden, oder würden sie sich hier eher Veränderungen wünschen? Dies ist die Art von Fragen, die sich die Nativen zuerst stellen sollten. Es ist erstaunlich, wie wenig die meisten Menschen mit dieser Konstellation über ihre persönlichen Bedürfnisse wissen; oft können sie keine der Fragen auf Anhieb beantworten. Es leuchtet sicherlich auch dem psychologischen Laien ohne Weiteres ein, dass jemand, der nicht einmal seine elementaren Grundbedürfnisse kennt, kaum die Kraft haben kann, ein befriedigendes Leben zu führen. Er weiß einfach nicht, was er auf der körperlichen Ebene tun muss, um sich wohl und gesund zu fühlen. Wenn die Nativen jedoch bereit sind, dieser Tatsache mehr Aufmerksamkeit zu schenken, können schnell ungeahnte Energien freigesetzt werden, die ihnen die Kraft geben, den einen oder anderen hochfliegenden Traum Wirklichkeit werden zu lassen.

Harmonische Aspekte (Trigon und Sextil)

Entsprechen auch harmonischen Aspekten zwischen den Herrschern von Haus eins und Haus zwölf

Das Sextil und das Trigon von Mars und Neptun entsprechen einer subtilen, unterschwelligen und oft auch idealistisch geprägten individuellen Durchsetzungsfähigkeit. Die Nativen verstehen es, mögliche Widerstände bei der Verfolgung ihrer persönlichen Interessen intuitiv zu umgehen.

Dieser Aspekt ist das kosmische Symbol für das konfliktlose, friedliche Ausleben unserer Triebstruktur, unserer instinktiven Eigenart.

Es ist ein Grundfehler unserer tradierten Kulturphilosophie, unausgesprochen, aber doch eindeutig davon auszugehen, dass wirkliche Befriedigung und echter Erfolg immer nur auf Kosten anderer möglich sind. Dies zeigt sich im Sport, wo es letztlich immer nur um Gewinnen oder Verlieren geht, oder auch zum Beispiel in Spielen, die ebenfalls nur selten ohne Sieger auskommen. Dieser fundamentale und verhängnisvolle Irrtum spiegelt sich im berühmten Heraklit-Zitat »Der Krieg ist der Vater aller Dinge« wider.

Menschen mit harmonischen Mars-Neptun-Verbindungen im Horoskop sind in der Lage, auf solche Konkurrenz- und Wettkampfrituale zu verzichten. Für sie zählt einzig und allein die Befriedigung ihrer Interessen und Bedürfnisse. Problemlos können sie deshalb auch auf Prahlereien verzichten, zumal sie instinktiv verstanden haben, dass dies weniger Bewunderung als Neid und Missgunst erzeugt.

Wie alles im Leben, so hat selbstverständlich auch dieser Aspekt zwei Seiten. Wenn die individuelle Durchsetzungsfähigkeit von hohen Idealen getragen wird, so ist die Umgehung aller möglichen

Widerstände nur begrüßenswert. Sind die persönlichen Motive weniger edel, so ist die persönliche Umwelt der »unsichtbaren Aggression« der Nativen schutzlos ausgeliefert. Menschen auf einem niedrigen Entwicklungsniveau werden diesen Umstand für Betrug und Übergriff missbrauchen können. Dessen ungeachtet verkörpert der Aspekt das denkbar höchste Ideal menschlicher Freiheit im sozialen Zusammenleben. Gerade weil die Befriedigung unserer Bedürfnisse nicht permanent erkämpft werden muss, steht ihr die größtmögliche Anzahl an Optionen zur Verfügung. Da es keine Konkurrenzsituationen gibt, wird auch niemand unterdrückt.

Die harmonische Verbindung zwischen Mars und Neptun entspricht interessanterweise ziemlich genau dem Phänomen und den Idealen der Hippiebewegung, die 1968, im berühmten »Summer of Love«, sowie dem legendären Woodstock-Festival im August 1969 ihren Höhepunkt fand. Auch wenn der Traum einer gewaltfreien Welt ohne Unterdrückung und Besitzansprüche sehr bald wie eine Seifenblase zerplatzte, so zeigte er doch, dass es Alternativen zu einer leistungs-, konkurrenz- und gewaltfixierten Denkweise gibt und auch geben muss, wenn wir als Menschheit überleben wollen.

Mars-Pluto-Aspekte

Prinzip: prinzipienorientierte Durchsetzungsfähigkeit

Konjunktion

Entspricht auch Mars in Haus acht und Pluto in Haus eins

Die Konjunktion von Mars und Pluto ist eine der machtvollsten Konstellationen überhaupt. Keine andere Planetenverbindung ermöglicht eine solch intensive und heftige Energiefreisetzung. Viele Astrologen bringen diesen Aspekt deshalb mit Gewaltverbrechen und rücksichtsloser Brutalität in Verbindung. Manche gehen so weit, ihn als ausgesprochen bösartig zu interpretieren und dies womöglich auch noch moralisch wertend dem Horoskopeigner anzulasten.

Eine derartige Sichtweise ist glücklicherweise vollkommen falsch: Zum einen gibt es keine per se guten oder schlechten Aspekte, zum anderen kommt es einfach darauf an, für welche Ziele dieses ganz außergewöhnliche Energiepotenzial genutzt wird.

Mars-Pluto-Konjunktionen symbolisieren das Bedürfnis, die eigene Stärke und Vitalität in den Dienst überpersönlicher Zielsetzungen zu stellen. Menschen mit dieser Konstellation sehnen sich daher nach Werten, für die es sich zu kämpfen lohnt. Klassische Entsprechungen bei den Männerberufen sind zum Beispiel das Militär und die Polizei.

Bei höher entwickelten Persönlichkeiten geht es dabei keinesfalls darum, einen legitimen Rahmen zu finden, der einem das straffreie Ausagieren der eigenen Gewalttätigkeit erlaubt, vielmehr möchten die Horoskopeigner »das Böse« bekämpfen und sich für »das Gute« engagieren. Menschen mit dieser Konstellation sind gerne radikal und konsequent, wenn sie davon überzeugt sind, sich für das Richtige einzusetzen. Unbedingter Einsatz setzt voraus, dass nach Schwarz-Weiß-Kriterien agiert werden kann. Zwischentöne sind in dem Lebensbereich, für den diese Konstellation individuell zuständig ist, nicht zulässig, da Zweifel und Unsicherheit jede Unbedingtheit im Handeln unmöglich machen. Deshalb wirken die Nativen oft auf ihre Umgebung ein wenig intolerant und dogmatisch, während sie selbst eher unter dem Mangel an Entschlossenheit und Folgerichtigkeit ihrer Mitmenschen leiden. Doch wer – um das Beispiel des Soldaten noch einmal zu bemühen – sein Leben für die Verteidigung einer Werteordnung aufs Spiel setzt, kann sich Zweifel an der Richtigkeit seines Tuns nicht leisten, dafür ist der Preis einfach zu hoch.

Meist formte sich die Fähigkeit zu uneingeschränkter Konsequenz in der Pubertät, wo der Heranwachsende oft leidvolle Erfahrungen mit der mangelnden Charakterstärke der Eltern oder anderer wichtiger Bezugspersonen machen musste. Vor allem der Vater, den der Native gern als Vorbild bewundert hätte, wurde durch enttäuschende Erfahrungen entzaubert, indem er sich als feige, widersprüchlich oder inkonsequent erwies. Vielfach äußert sich die Charakterschwäche des Vaters in ungerechter Strenge der Familie und den Kindern gegenüber, während er vor Stärkeren, zum Beispiel Vorgesetzten, katzbuckelte. So suchte sich der Native andere »Überväter«, deren Konsequenz und Mut er bewundern und nacheifern konnte.

Zumindest unbewusst wurden die Enttäuschung und die daraus erwachsende stille Verachtung des Nativen vom betroffenen Elternteil durchaus wahrgenommen. Die, vor allem für betroffene Väter, kaum erträgliche Scham, in seiner Schwäche und Inkonsequenz vom eigenen Kind durchschaut zu werden, wird durch mangelnde Anerkennung seiner Fähigkeiten und Leistungen, vor allem aber durch das Einpflanzen von Versagensängsten abzumildern versucht: Je mehr das Selbstwertgefühl des Kindes verletzt wurde, umso besser ließ sich die eigene Kleinheit kaschieren.

Eine schon klassische Entsprechung sind Eltern, die ihren Mars-Pluto-Kindern schulische und sportliche Höchstleistungen abverlangen und mit Schuldgefühlen, Missachtung und in manchen Fällen drakonischen Strafen einen ans Selbstzerstörerische grenzenden Ehrgeiz provozieren, während sie selbst ihre eigenen persönlichen und vor allem auch beruflichen Ziele nicht verwirklichen konnten. Gelingt es dem Kind nicht, die überzogenen Erwartungen zu erfüllen, wird es verspottet und als Versager diffamiert. Vordergründig soll der Native auf diese Weise »motiviert« und für den Lebenskampf gestählt werden. In Wahrheit kompensiert sein Elternteil damit lediglich seine eigenen Minderwertigkeitskomplexe. Dies wird spätestens dann offensichtlich, wenn die überzogenen Leistungserwartungen wider Erwarten doch erfüllt werden: Stolz und Anerkennung werden zwar Dritten gegenüber quasi als persönliches Verdienst zur Schau gestellt. Das Kind selbst bekommt jedoch lediglich den kaum verhohlenen Neid des Vaters zu spüren, und die Anforderungen werden einfach so lange weiter nach oben geschraubt, bis ein Scheitern schließlich unvermeidlich wird.

Zum Glück verläuft die Entwicklung der Nativen in der Regel

nicht ganz so drastisch wie in diesem Beispiel beschrieben. Kernthema ist jedoch immer die eigentümliche Verbindung aus Unterlegenheitsgefühlen und Machtdemonstrationen. Seltsamerweise führt eine derartig verkorkste Erziehung häufig dazu, dass aus den unter einer Mars-Pluto-Konjunktion Geborenen aufrechte, mutige, gradlinige und zielstrebige Persönlichkeiten werden, die sich nicht so schnell ins Bockshorn jagen lassen. Die vom Vater aufgezwungene verbrämte Machtkonkurrenz und die sich daraus zwangsläufig ergebende mangelnde seelische Geborgenheit waren schmerzhaft und ein hoher Preis. Aber viele Native haben so gelernt, ihre Möglichkeiten und Grenzen genau einzuschätzen. Sie können für ihre Ziele alle Reserven mobilisieren. Durch autoritäres Gehabe, Großmäuligkeit und alberne Machtdemonstrationen (zum Beispiel von Vorgesetzten) werden sie sich wohl kaum noch beeindrucken lassen, gegen diese »Kinderkrankheit« sind sie als Erwachsene lebenslang immun.

Spannungsaspekte (Opposition und Quadrat)

Entsprechen auch Spannungsaspekten zwischen den Herrschern von Haus eins und Haus acht

Spannungsaspekte zwischen Mars und Pluto sind ein Hinweis auf die Widersprüchlichkeit von Erwartungen an sich selbst und körperlich-instinktiven Wünschen. Extreme Selbstdisziplin bis hin zur Selbstverleugnung wird dann gelegentlich als besondere Ernsthaftigkeit und Charakterstärke missverstanden. Essen, Schlaf, Sexualität oder andere angeborene Bedürfnisse werden in manchen Fällen mit Absicht in einer unangenehmen und auch unangemessenen Form gelebt: Der Native hält beispielsweise Diäten, die ihm weder schmecken noch bekommen, schläft vielleicht chronisch zu wenig, damit er »mehr leisten kann«, oder handelt gegen seine sexuellen Bedürfnisse und Neigungen.

In psychologischer Hinsicht sind hier manchmal anerzogene Schuldgefühle ursächlich: Lustempfinden und Triebbefriedigung werden – oft unbewusst – als »sündhaft« oder doch zumindest als Schwäche empfunden. Auch Menschen, die nicht religiös erzogen wurden, neigen zu diesen Verhaltens- und Empfindungsmustern. Da jedoch niemand dauerhaft und ohne seelischen und körperlichen Schaden zu nehmen, seine Triebbedürfnisse verleugnen kann, sind die Folgen fatal: Die chronisch angestaute Unterdrückung des Instinktiven kann plötzlich und unerwartet aufbrechen und zu unkontrollierbaren Exzessen führen. Das, was der Native sich so lange versagt hat, muss nun plötzlich in unbezwingbarer Gier ausgelebt werden. In harmloseren Fällen kann dies zum Beispiel in Form von »Fressattacken« geschehen, in schwerwiegenderen Fällen können aggressive Ausbrüche bis hin zur Gewalttätigkeit stattfinden. Hieraus erwächst ein fatales, sich selbst verstärkendes System: Die »Ausrutscher« führen zu vermehrten Schuldgefühlen, der Horoskopeigner sucht seine angeblichen Schwächen noch stärker zu kontrollieren, um so früher oder später erneute und heftigere Ausbrüche zu provozieren.

Spannungsaspekte zwischen Mars und Pluto geben uns die Chance, zu lernen, dass wir alle primitiven, archaischen und auch dunklen Seiten in uns tragen, die genauso zum Menschsein gehören wie unsere edleren Wesenszüge. Die Mars-Pluto-Konstellation bietet uns die Einsicht an, dass Aggression, Wut und Neid, Gier, sexuelle Wünsche oder auch einfach nur Müdigkeit und Hunger durch Unterdrückung und Verleugnung niemals verschwinden werden, sondern im Gegenteil an Intensität immer mehr zunehmen müssen.

Jedes Kind weiß, dass unser Verlangen nach Nahrung durch Hungern nicht geringer wird, sondern um so stärker wird, je länger wir nichts zu essen bekommen. Wer zu lange hungert, wird daran unweigerlich zugrunde gehen. Dieser Zusammenhang ist so offensichtlich, dass es schon lächerlich erscheint, überhaupt daraufhinzuweisen. Atmung, Trinken, Essen, Schlaf sind lebensnotwendig, und es schränkt unser Wohlbefinden bereits erheblich ein, wenn wir gezwungen sind, hier auch nur kleine Einschränkungen in Kauf zu nehmen.

Doch körperliche Bedürfnisse, die nicht absolut zum Überleben notwendig sind, wie zum Beispiel Bewegungsdrang oder Sexualität, glauben wir bereits ungestraft verleugnen zu können. Spannungsaspekte zwischen Mars und Pluto können uns glauben machen, dass es lediglich ein wenig Selbstdisziplin und Charakterstärke benötigt, um unsere instinktive Eigenart nach Belieben kontrollieren zu können.

Die trivialen Beispiele sollten deutlich machen, in welchem Umfang wir das Opfer irrationaler Vorstellungen werden können, sobald ein Thema moralisch bewertet wird: Das Recht auf Atmen wird uns keiner streitig machen können, das Recht auf Sexualität, Wut, Neid, Gier, Bequemlichkeit oder Lust aber schon.

Mars symbolisiert all unsere körperlichen Bedürfnisse und Triebe. Und die Einzigen, die ein Interesse an ihrer Befriedigung haben, sind wir selbst.

Pluto symbolisiert unter anderem die Macht. Macht, die unser Gewissen, unsere Moralvorstellungen, unser Verantwortungsgefühl, unsere Ängste und Schuldgefühle über uns haben. Pluto entspricht damit den inneren und den äußeren Kräften, die uns beherrschen. Paradoxerweise ist hier die Intensität, mit der wir uns von anderen beherrschen lassen (Fremdbestimmtheit), identisch mit dem Grad der Fähigkeit, »über uns selbst zu herrschen« (Selbstbestimmtheit).

Da die plutonischen Persönlichkeitsanteile darüber bestimmen, in welchem Umfang und in welcher Form wir uns im Griff haben, sind sie für unsere Gemeinschaftsfähigkeit von entscheidender Bedeutung. Dies erklärt, warum die Pluto-Aspekte von unseren Eltern, Lehrern, Vorgesetzten, Politikern und Vertretern der Kirchen so gefördert und verstärkt werden: Sie sorgen dafür, dass wir die für die Gemeinschaft, in der wir leben, geeigneten Vorstellungen von Gut und Böse, Richtig und Falsch entwickeln. Dies ist im Interesse unserer Gesellschaft. Pluto ist damit quasi in sozialen Gruppen der »kollektive Mars«, von dem im Idealfall letztlich jeder innerhalb der Gemeinschaft profitiert: Wenn das Tabu zu töten zum Beispiel stärker ist als der instinktive Drang, etwa einen Nebenbuhler zu beseitigen, so erhöht dies die Lebenserwartung der Gemeinschaft als Ganzes.

Bei Spannungsaspekten zwischen Mars und Pluto kann dies jedoch zu dem Extrem führen, dass jedes instinktive Bedürfnis als unvereinbar mit den kollektiven Interessen erlebt wird, was zu der traurigen Konsequenz führt, dass ausnahmslos alles, war mir angenehm wäre, als »böse« bewertet wird und deshalb unterdrückt werden muss. Schließlich erwächst hieraus ein Masochismus, der nur noch Dinge als richtig und erstrebenswert anerkennt, die mir unangenehm sind, mir schwerfallen und meinen Bedürfnissen zuwiderlaufen.

Der Mars-Pluto-Aspekt zeigt uns, dass wir uns »zusammenreißen« können, wenn dies notwendig ist. Menschen mit Spannungsaspekten zwischen Mars und Pluto im Horoskop verfügen über eine außerordentliche Charakterstärke, was die Fähigkeit zum Verzicht und zum Opfer angeht. Viele Menschen sind nicht mehr in der Lage, in irgendeiner Weise Triebverzicht zu leisten, und damit sicherlich oft rücksichtslos, egoistisch und charakterschwach. Triebverzicht an sich ist allerdings weder erstrebenswert noch eine moralische Leistung. Opfer sollten wir dann bringen, wenn sie im wahrsten Sinne des Wortes not-wendig sind; das heißt, wenn durch sie eigene Not oder die anderer überwunden werden kann.

Werden Triebbedürfnisse jedoch auf Dauer ohne Sinn unterdrückt und verleugnet, spalten sie sich von unserer Gesamtpersönlichkeit ab und werden für uns und andere gefährlich. Die grundlos gequälte Seele gebiert Monstren, die das Leiden glorifizieren – entweder das eigene oder das anderer. Deshalb haben die großen Märtyrer und selbstlosen Philanthropen die gleichen Mars-Pluto-Spannungsaspekte im Horoskop wie Massenmörder und Sexualverbrecher.

Dem »normalen« Menschen bietet diese Konstellation die Chance, zu sich selbst zu finden, indem er die Sinnhaftigkeit anerzogener Einschränkungen und Tabus immer wieder hinterfragt. Auf diesem Weg kann er die Entscheidungsfähigkeit erwerben, sich selbst gerecht zu werden, ohne anderen damit zu schaden, wo es nötig ist, besondere Opferleistungen zu erbringen und sich über falsche Moralvorstellungen hinwegzusetzen.

Harmonische Aspekte (Trigon und Sextil)

Entsprechen auch harmonischen Aspekten zwischen den Herrschern von Haus eins und Haus acht

Harmonische Aspekte zwischen Mars und Pluto bieten die Chance für ein ausgeglichenes Verhältnis zwischen Subjektivität und Verantwortungsgefühl. Der Native verspricht nicht mehr, als er halten kann. Im Umgang mit anderen und in der Partnerschaft fällt es ihm leichter als vielen anderen, verbindlich zu sein. So genießt er in seiner persönlichen Umwelt eine natürliche Autorität, ist glaubwürdig, und die anderen schätzen ihn für seine Zuverlässigkeit.

Menschen mit harmonischen Mars-Pluto-Aspekten haben oft instinktiv verstanden, dass wir nur für Dinge auf Dauer Verantwortung übernehmen können, an denen wir auch Freude haben. So ist es zum Beispiel sicherlich wesentlich leichter, einem Partner treu zu sein, wenn wir uns zu diesem körperlich hingezogen fühlen und die Sexualität für beide Seiten befriedigend ist. Auch geschäftliche Vereinbarungen werden wir gerne und ohne Mühe eingehen und einhalten können, wenn wir von ihnen profitieren.

Menschen mit dieser Konstellation sind oft überdurchschnittlich ausgeglichen und psychisch und seelisch gesund, da sie es verstehen, sich ihr Leben ihren persönlichen Neigungen und Fähigkeiten angemessen einzurichten. Sie setzten sich Ziele, die sie weder über- noch unterfordern. So verschaffen sie sich Erfolgserlebnisse, die ihnen zu einem gesunden Selbstbewusstsein verhelfen.

Falls keine anderslautenden Konstellationen dem entgegenstehen, erfreuen sich Menschen mit harmonischen Mars-Pluto-Aspekten bis ins Alter einer aktiven Sexualität und robusten Gesundheit.

Jupiter-Aspekte

♃

Jupiter-Saturn-Aspekte

Prinzip: tolerante Struktur

Konjunktion

Entspricht auch Jupiter in Haus zehn und Saturn in Haus neun

Jupiter-Saturn-Aspekte sind ein Zeichen für ein besonderes Interesse an gesellschaftlichen und sozialen Themen. Menschen mit dieser Konstellation, die alle zwanzig Jahre auftritt, denken deshalb häufig in politischen Dimensionen. Dies zeigt sich sowohl im Beruf als auch im privaten Bereich.

Diese Konstellation ist meist ein deutliches Zeichen dafür, dass sich die Nativen nur schwer mit der Ungerechtigkeit in der Welt abfinden können. Sie glauben fest an das Gute im Menschen und an die Möglichkeit, soziale Missstände endgültig abzubauen. Sie engagieren sich deshalb für diese Ziele, indem sie zum Beispiel Berufe aus dem Sozialbereich ergreifen oder mit anderen Mitteln solche Projekte unterstützen.

Falls eine Beziehung zu den persönlichen Punkten im Horoskop besteht, insbesondere zum Aszendenten oder Medium coeli, so weist dies auf die Fähigkeit hin, aktuelles Zeitgeschehen durch die eigene Persönlichkeit und das, was sie hervorbringt, widerzuspiegeln.

Das heißt, die Nativen sind in solchen Fällen mehr als alle anderen »Kinder ihrer Zeit«. So wie zum Beispiel ein John Lennon in seinen Liedern, seinem Habitus und seiner äußeren Erscheinung der exemplarische Vertreter der Hippies war, als deren Sprachrohr er ja auch eine Zeit lang fungierte, so verkörperte etwa Marlene Dietrich das idealisierte Frauenbild der Kriegsgeneration.

Natürlich wird nicht jeder, der eine Jupiter-Saturn-Konjunktion im Horoskop in Verbindung mit persönlichen Punkten hat, den Ruhm und die Bedeutung einer Marlene Dietrich oder eines John Lennon erreichen. Doch werden alle Menschen, die diese Konstellation gemeinsam haben, ihren Zeitgeist besser darstellen können als andere. Sie sind also in der Lage, ihre persönlichen, beruflichen und sozialen Anliegen erfolgreicher und verständlicher zu vertreten, als dies anderen gelingen wird.

Spannungsaspekte (Opposition und Quadrat)

Entsprechen auch Spannungsaspekten zwischen den Herrschern von Haus neun und Haus zehn

Spannungsaspekte zwischen Jupiter und Saturn sind ein Hinweis auf das desintegrierte Verhältnis zwischen großzügiger Offenheit und sparsamer und abgrenzender Zurückgezogenheit. Manische Phasen, in denen der Horoskopeigner großzügig verteilt, was er zu geben hat, wechseln hier mit solchen, in denen er sparsam bis hin zum Geiz ist.

Meist fühlt sich der Horoskopeigner von der Gesellschaft missverstanden und ungerecht behandelt: Bei Beförderungen wurde er übergangen, andere werden für die gleiche Leistung besser bezahlt, er hat nicht den Status und das Prestige, von denen er glaubt, dass sie ihm zustehen.

Menschen mit Spannungsaspekten zwischen Jupiter und Saturn im Horoskop sollten in Betracht ziehen, dass diese Ungerechtigkeiten nicht ausschließlich anderen zur Last gelegt werden können. Um in einer Gesellschaft erfolgreich zu sein, ist es in der Regel auch nötig, ihre Spielregeln zu akzeptieren. Eine Tatsache, die die Nativen nur schwer akzeptieren können, ziehen sie es doch vor, zur falschen Zeit am falschen Ort zu sein und immer eine Lösung außerhalb der Konvention anzustreben.

Eine solche ist jedoch vom guten Willen von Behörden und Vorgesetzten abhängig. Wie können wir von jemandem guten Willen erwarten, mit dem wir uns zuvor angelegt haben?

Harmonische Aspekte (Trigon und Sextil)

Entsprechen auch harmonischen Aspekten zwischen den Herrschern von Haus neun und Haus zehn

Harmonische Aspekte zwischen Jupiter und Saturn bieten die Chance für ein ausgeglichenes Verhältnis zwischen Großzügigkeit und Verantwortungsgefühl den eigenen Ressourcen gegenüber. Die Nativen sind im Rahmen ihrer Möglichkeiten großherzig gegenüber allen, die ihre Unterstützung brauchen, aber sie versprechen nichts, was sie nicht halten können.

In der Regel fühlen sie sich in ihrer sozialen Umgebung recht wohl. Dementsprechend sehen sie auch keinen Grund, daran etwas zu ändern.

In manchen Fällen weist diese Konstellation die Gefahr einer Versorgungsmentalität auf. Gerade weil der Native es gewöhnt ist, dass sich die Gesellschaft um alles kümmert, verspürt er kaum die Motivation, einen eigenen Beitrag zu leisten, sondern konzentriert sich darauf, so viele Vorteile wie möglich für sich selbst herauszuschlagen. Dass er hiermit letztlich auf Kosten anderer lebt, übersieht er dabei gern. Auch wenn eine derartige Einstellung die Ausnahme sein mag, so schadet es doch nichts, gelegentlich darüber nachzudenken, dass es nicht allen in unserer Gesellschaft gut geht und jeder von uns dafür mitverantwortlich ist. Wer sich immer dann nicht zuständig fühlt, wenn es darum geht, sozial Benachteiligten beizustehen, braucht sich nicht zu wundern, wenn er selbst einmal in die Situation kommt, dass er Hilfe bräuchte und niemand ihn unterstützt.

In der Regel haben die Nativen aber ein ausgeprägtes Gerechtigkeitsempfinden, das sie geeignet macht, als Schlichter in Streitigkeiten zu vermitteln. Dies ist insbesondere dann der Fall, wenn es um Auseinandersetzungen unterschiedlicher Interessengruppen geht.

Jupiter-Uranus-Aspekte

Prinzip: expansive Originalität

Konjunktion

Entspricht auch Jupiter im elften Haus und Uranus im neunten Haus

Freiheitsdrang und Einbindung in ein soziales Umfeld, Unabhängigkeitsstreben und der Wunsch nach Integration treten gleichzeitig auf. Im praktischen Leben äußert sich die Verbindung der beiden Planetenprinzipien in der ausgeprägten Neigung, sich in weltanschaulichen Fragen von niemandem bevormunden oder gar festlegen zu lassen. Wenn dieser Aspekt einen Bezug zu den persönlichen Punkten im Horoskop hat, ergibt sich häufig die Chance zur Protektion. Das heißt, besondere Fähigkeiten werden von potenziellen Gönnern frühzeitig erkannt und gefördert. So machen die Nativen schon in jungen Jahren die recht ungewöhnliche Erfahrung, dass sie für ihr Anderssein belohnt werden – solange dies nicht den sozialen Rahmen sprengt. Menschen mit einer Jupiter-Uranus-Konjunktion im Horoskop sind in ihren Interessen und Motiven wechselhaft und spontan. Allzu viel Planung ist für diese Menschen zwar identisch mit Ordnung und Sicherheit, aber eben auch mit Langeweile. Wer eine Jupiter-Uranus-Konjunktion im Horoskop hat, wird sich mit allem Durchschnittlichen und Mäßigen bei anderen schwertun. Nur das Außergewöhnliche, Extravagante und Exzentrische kann wirklich faszinieren und Aufmerksamkeit erregen.

Die außergewöhnliche Exzentrizität im Motivations- und Begegnungsbereich kann häufig auch auf die soziale Situation in der Kindheit zurückgeführt werden. Anerkennung, insbesondere die von Lehrern und persönlichen Vorbildern, wurde als unkontrollierbar, widersprüchlich und unberechenbar erlebt. Der Native lernt als seelischen Selbstschutz, sich in seinen Wünschen und Interessen von sozialer Anerkennung unabhängig zu machen. Dieser Schutz vor der Bewertung durch andere verschafft ihm Interessenfreiräume, in denen er sich unkritisierbar und damit auch unmanipulierbar bewegen kann. Häufig findet er – Ironie des Schicksals – genau aufgrund dieser Tatsache Anerkennung und sogar Bewunderung und Respekt, da sein Bekanntenkreis ihn für unparteiisch, unbestechlich, selbstbewusst und integer hält.

Spannungsaspekte (Opposition und Quadrat)

Entsprechen auch Spannungsaspekten zwischen den Herrschern von Haus neun und Haus elf

Die Verbindung der beiden Planetenprinzipien in Form eines Spannungsaspekts zeigt sich in der ausgeprägten Abneigung gegen jede Form von Bevormundung und Einmischung in persönliche Angelegenheiten. Auch gut gemeinte Ratschläge stoßen selten auf Gegenliebe. Wenn die Nativen das Gefühl haben, dass sie von ihrer Umgebung nicht akzeptiert werden, können sie ausgesprochen provokant reagieren. Meistens gehen sie jedoch einfach schnell auf Distanz. In diesem Punkt sind manche vielleicht ein wenig zu überempfindlich. Sie verscherzen sich damit anregende Bekanntschaften und manchmal auch die Hilfe und Unterstützung von Menschen, die es ehrlich und gut mit ihnen meinen.

Die Ursache liegt hier häufig in dem tief verwurzelten Empfinden, ein Außenseiter zu sein. Jede Form von scheinbarer oder wirklicher Zurückweisung oder auch nur sachlicher Kritik kann sie in dieser Meinung bestätigen. Umgekehrt glauben sie, sich die Anerkennung von Kollegen, Bekannten usw. nur erwerben zu können, wenn sie ungewöhnliche Interessen oder Fähigkeiten zur Schau stellen. So entsteht die Neigung, sich mehr oder weniger geschickt zu produzieren. Oft werden sie damit durchaus Aufmerksamkeit erregen, doch nicht immer und bei allen die Zustimmung finden, die sie sich eigentlich wünschen. Unabhängigkeit im Denken und Handeln ist allen Menschen mit dieser Konstellation sehr wichtig. Sie wollen lieber ihre eigenen Fehler begehen als die Richtigkeiten anderer. Manchmal nehmen sie ihre Eigenständigkeit vielleicht ein wenig zu wichtig, wenn nämlich die Begegnungs- und Kontaktfähigkeit darunter zu leiden hat. Im Extremfall wird der Horoskopeigner ausgerechnet den Menschen besonders konsequent aus dem Wege gehen, die ihm wesensverwandt sind, von denen er noch lernen könnte oder die bereit wären, ihn zu unterstützen und zu fördern. Es ist offensichtlich, dass in diesem Falle nur Bekanntschaften und Freundschaften zu Personen übrig bleiben, deren Interessen mit den eigenen unvereinbar sind und von denen er auch sonst nicht profitieren kann.

Auch wenn dieses Muster nicht so ausgeprägt ist wie oben beschrieben, so sind hier doch paradoxe Gefühlsreaktionen recht häufig. Viele Native machen sich zum Beispiel das Leben dadurch schwer, dass sie sich für die Erfüllung ihrer Wünsche (im Beruf, in der Partnerschaft) anstrengen, um dann, wenn sie endlich am Ziel sind, nichts mit dem Ergebnis anfangen zu können. Hier kann eine eigentümliche Erfolgsangst vermutet werden, eine Furcht vor dem eigenen Glück.

Bei dieser Konstellation sollten die Nativen darauf achten, sich nicht mit zu vielen Dingen und Personen gleichzeitig zu beschäftigen und die eigenen, ein wenig exzentrischen Ansprüche an die Umwelt nicht zu übertreiben. Selbst wenn sie glauben, dass sie wie alle anderen wirken, können sie in Wahrheit doch gar nicht anders, als sich von ihrer Umwelt abzuheben. Wenn diese Tendenz übermäßig gefördert wird, wirken wir übertrieben, provokant oder sogar lächerlich.

Harmonische Aspekte (Trigon und Sextil)

Entsprechen auch harmonischen Aspekten zwischen den Herrschern von Haus neun und Haus elf

Menschen mit dieser Konstellation wirken oft schon in ihrer Jugend als eigenständige Persönlichkeiten. Sie sind irgendwie anders, und da dies von ihrer Umgebung als anziehend und interessant empfunden wird, bringt man ihnen besondere Toleranz entgegen.

Auch im späteren Leben gelingt es den Nativen nicht immer, ihren Drang zu originellen bis zu exotischen Ansichten zu verbergen.

Diese Konstellation ist ein deutlicher Hinweis auf die Fähigkeit, in intellektueller und weltanschaulicher Hinsicht eigenständige Wege zu beschreiten. In ihrem persönlichen Umfeld und auch der Öffentlichkeit präsentieren sich die Nativen in einer Weise, dass die Menschen in der persönlichen Umgebung ihnen gerne besondere Freiräume zubilligen, da sie ihre Ansichten als originell, amüsant und unterhaltsam einstufen.

Häufig wirken sie auf eine eigenartig unpersönliche Art und Weise attraktiv. So mögen sich viele zu ihnen hingezogen fühlen, ohne jedoch den Mut aufzubringen, mit ihnen auch in Kontakt zu treten.

Wenn dieser Aspekt Bezug zu den persönlichen Punkten im Horoskop hat, wird die mentale Eigenart, also die Individualität im Denken, oft von Gönnern aus dem Verwandten- oder Bekanntenkreis gefördert. Ausbildungen werden finanziert und persönliche Projekte werden wirtschaftlich unterstützt. Im Gegensatz zu vielen anderen muss der Native die Anerkennung seiner individuellen Fähigkeiten nicht gegen massiven äußeren Widerstand durchsetzen. Oft werden er und seine Ideen regelrecht mit offenen Armen empfangen, gerade so, als ob die Welt nur auf ihn gewartet hätte. So machen die Nativen schon in jungen Jahren die recht ungewöhnliche Erfahrung, dass sie für ihr Anderssein belohnt werden. Dies sollte sie allerdings nicht zu der Annahme verleiten, dass ihnen der Erfolg lebenslang ohne jede echte Eigenleistung erhalten bleibt. Wenn sich die Erwartungen der Umwelt und der Förderer dauerhaft nicht erfüllen, kann sie ihr Glück sehr schnell verlassen, und sie werden zu lediglich geduldeten Außenseitern. Besonders groß ist die Gefahr, wenn Selbstüberschätzung und Hochmut hinzukommen.

Prinzip: undurchschaubare Expansion

Konjunktion

Entspricht auch Jupiter im zwölften Haus und Neptun im neunten Haus

Die Konjunktion von Jupiter und Neptun entspricht einem sensibilisierten Idealismus. Die Nativen können auch subtile gesellschaftliche Vorgänge erspüren und für sich nutzbar machen. Manche Menschen mit dieser Konstellation haben das Gefühl, dass ihr Geschick auf wundersame Weise gelenkt wird. Fast alle von ihnen glauben an eine höhere Macht oder sind sogar direkt religiös. Allerdings sind ihre Glaubensvorstellungen von konventionellen Mustern unbeeinflusst. Dogmen und andere reglementierende Lehrmeinungen haben für sie nichts Bedrohliches oder Einengendes – sie halten sich einfach nicht daran. Überhaupt ist ihre Fähigkeit, Konventionen zu ignorieren, eine ihrer stärksten Seiten, unabhängig davon, in welchen gesellschaftlichen Bereichen sie sich engagieren. Ihre ganzheitliche Art, an Dinge heranzugehen, und ihr Gespür für Zeitströmungen können in jedem Lebensbereich zu einer Erweiterung von Möglichkeiten und einer Steigerung des Gewinns führen. Dies gilt gleichermaßen für den Kaffeeproduzenten, der mit einem Mal begann, erfolgreich Uhren und CDs zu verkaufen, wie für den Papst (Johannes XXIII.), der seine Kirche auch anderen christlichen Bekenntnissen öffnete.

Die Jupiter-Neptun-Konjunktion ist das kosmische Symbol für die konfliktlose, friedliche Überwindung von Grenzen, die Erweiterung von Möglichkeiten. Menschen, die dieses Potenzial aktiv nutzen, gelingt es immer wieder, durch intensives persönliches Engagement und durch die Unterstützung ihrer Umgebung auf unspektakuläre Weise Dinge zu vollbringen, die bis dahin für unmöglich gehalten wurden. Wenn wir diesen Aspekt allerdings in Form einer überhöhten Glückserwartung missverstehen, ohne dass wir bereit wären, etwas für die Verwirklichung unserer Wunschträume zu tun, dann werden wir dazu neigen, in die Niederungen der Maßlosigkeit abzugleiten. Nichts ist uns gut genug, kein Erfolg ist wirklich befriedigend. Eine Reduzierung der eigenen Anspruchshaltung und eine Erhöhung des persönlichen Engagements können hier von einer chronischen Unzufriedenheit zu einer erfüllenden Existenz führen.

Spannungsaspekte (Opposition und Quadrat)

Entsprechen auch Spannungsaspekten zwischen den Herrschern von Haus neun und Haus zwölf

Spannungsaspekte zwischen Jupiter und Neptun können auf eine überhöhte Glückserwartung hindeuten. Eine an sich positive, da optimistische Lebenseinstellung kann hier in Krisenzeiten die Bodenhaftung verlieren. Anstatt die Lösung seiner Probleme selbst in die Hand zu nehmen, hofft mancher hier unrealistisch auf die Erlösung durch wundersame Veränderungen in der Umwelt.

Durch den Hang, sich in Belastungssituationen in eine innere Traumwelt zurückzuziehen, wird die Sache nicht besser. Am Arbeitsplatz, im Freundes- oder Bekanntenkreis stoßen Sie in wachsendem Maße auf Unverständnis. Wenn es nicht gelingt, dieser Tendenz gegenzusteuern, besteht die Gefahr, dass Sie immer mehr ins Abseits gedrängt werden und die Fähigkeit verlieren, Probleme und ihre Lösungen realistisch einzuschätzen.

Das entspricht jedoch ganz und gar nicht den Neigungen und Bedürfnissen der Jupiter-Neptun-Geborenen, die insgeheim einen außergewöhnlichen Geltungsdrang haben und sich nach gesellschaftlicher Anerkennung sehnen. Wenn Anspruch und Wirklichkeit zu weit auseinanderklaffen, als dass eine Aussöhnung noch möglich wäre, besteht die Gefahr der Flucht in den Alkohol- und Rauschmittelmissbrauch.

Die starke Spannung zwischen Anspruch und Wirklichkeit lässt sich allerdings auch für die Verwirklichung großer und großartiger

Visionen nutzen. Voraussetzung hierfür ist jedoch die Einsicht, dass Visionen als solche erkannt werden. Ist dies der Fall, so vermögen die Nativen Dinge zu verwirklichen, von denen andere nicht einmal zu träumen wagen. Ihr extremer Wunsch nach Anerkennung und die Fähigkeit, ihren Vorstellungen keine Grenzen aufzuerlegen, sind ein Grund für ihren Erfolg. Ein weiterer liegt darin, dass sie von den Menschen in ihrer Umgebung auf wohlwollende Art und Weise für harmlos gehalten werden. Man traut ihnen außergewöhnliche Leistungen nicht wirklich zu, zumindest nicht in den Dimensionen, die sie anstreben. Da niemand sie als Konkurrenz empfindet, gewährt so mancher gerne ein wenig Unterstützung, und alte Hasen in der Branche, in der sie Fuß fassen wollen, geben ihnen auch noch Tipps.

Ist der gewünschte Erfolg erst einmal da, besteht ihr Geheimnis, an der Spitze zu bleiben, darin, dass sie keine Energie darauf verschwenden, wie sie die Konkurrenz klein halten, sondern sich ausschließlich darauf konzentrieren, wie sie selbst größer und besser werden können.

Harmonische Aspekte (Trigon und Sextil)

Entsprechen auch harmonischen Aspekten zwischen den Herrschern von Haus neun und Haus zwölf

Menschen mit dieser Konstellation im Horoskop haben die seltene Fähigkeit, in allen Dingen das Positive sehen zu können. Es gelingt ihnen, die praktischen und die idealistischen Seiten ihrer Persönlichkeit miteinander zu verbinden, ohne dadurch opportunistisch zu wirken. Oft erhalten sie, ohne darum gebeten zu haben, die Unterstützung, die sie für die Verwirklichung ihrer Ziele benötigen. In manchen Fällen legen ihre Gönner Wert darauf, unerkannt im Hintergrund zu bleiben, wodurch sie in diesen Fällen gar keine Chance haben, zu erkennen, dass sie protegiert werden.

Ihr Optimismus ist ansteckend, sodass sie oft einen großen Bekannten- und Freundeskreis haben. Schon früh gelingt es vielen

Nativen, sich ihr Leben ihren Bedürfnissen entsprechend einzurichten. Sie entwickeln dann kaum noch den Ehrgeiz, im Beruf Karriere zu machen, sondern geben sich mit dem zufrieden, was sie haben.

In einigen seltenen Fällen finden sich unter Menschen, die ein Jupiter-Neptun-Trigon im Horoskop haben, besonders erfolgreiche Glücksspieler und Spekulanten. Nur wenigen gelingt es allerdings, ihre Gewinne dauerhaft für sich nutzbar zu machen. Entweder verschleudern sie das Geld oder sie verlieren es bei einem der nächsten Spiele oder Spekulationen.

Jupiter-Pluto-Aspekte

Prinzip: prinzipienorientierte Weltanschauung

Konjunktion

Entspricht auch Jupiter in Haus acht und Pluto in Haus neun

Die Konjunktion von Jupiter und Pluto ist die Verbindung zweier in mancher Hinsicht gegensätzlicher Prinzipien: Während Jupiter Toleranz und Lebensfreude repräsentiert, symbolisiert Pluto unter anderem das Ende der Dinge. So sind denn die Menschen mit dieser Konstellation auch oft leidenschaftlich und radikal in ihren weltanschaulichen Ansichten. Jupiter-Pluto-Geborene sind meist Idealisten, die sich insgeheim die Macht wünschen, ihre Mitmenschen zu ihrem Glück zwingen zu können. Für Ziele, die Ihnen lohnenswert erscheinen, sind sie sogar bereit, ihre finanzielle Absicherung und ihre Gesundheit zu gefährden. So anerkennenswert dieser Wesenszug ist, derartige Schritte sollte dennoch extremen Ausnahmesituationen vorbehalten bleiben, die keine andere Lösung zulassen.

Lernaufgabe und Herausforderung dieser Radixkonstellation liegt in der Überwindung ihrer scheinbaren Widersprüchlichkeit.

Ein Beispiel soll dies verdeutlichen: Ein esoterischer Versand weigerte sich, das Werk eines bestimmten Astrologen zu vertreiben, mit dem Argument, der Autor würde andere bewerten und das könnten sie nicht unterstützen. Was war in Wahrheit geschehen? Die Leiter des Buchversands hatten, ohne das geringste Schuldbewusstsein, das getan, was Sie dem Autor vorwarfen, sie hatten andere, nämlich in diesem Fall den schreibenden Astrologen, bewertet. Dieses Beispiel wurde gewählt, um die ansonsten recht schwierig in Worte zu kleidende Thematik der Jupiter-Pluto-Konjunktion anschaulich zu machen. Gerade indem wir etwas besonders richtig machen möchten, machen wir es falsch. Durch besonders sorgfältiges Vorgehen entstehen Fehler. Da wir niemanden bevorzugen wollen, tun wir allen bitter unrecht.

Sichtbar wird eine scheinbare Paradoxie, die ihren Ursprung in der uneingestandenen Divergenz zwischen Anspruch und Wirklichkeit hat. Menschen, bei denen die Konjunktion zwischen Jupiter und Pluto in Verbindung mit der individuellen Häuserstruktur des Nativen steht, begreifen wesentlich mehr, als sie in ihrem praktischen Leben umsetzen können. Dies ist an und für sich nichts Besonderes, schließlich geht es uns in diesem Punkt mehr oder weniger allen so. Im Unterschied zu Menschen, die diesen Aspekt im Horoskop aufweisen, ist jedoch bei den meisten von uns das Spannungsverhältnis zwischen den beiden Polen geringer, oder wir haben einfach nicht in gleichem Umfang die Erwartung an uns, Anspruch und Wirklichkeit in Einklang zu bringen. Das heißt, wir können unsere individuelle Widersprüchlichkeit leichter ertragen.

Die Falle dieses Aspekts liegt darin, dass wir die hohen Erwartungen an uns selbst, denen wir leider nicht gerecht werden können oder auch nicht wollen, auf andere übertragen. Wir sehen also den Splitter im Auge unseres Gegenübers, aber nicht das eigene Brett vor dem Kopf.

Die Lösung des Problems ist einfach: Wir sollten uns selbst gegenüber die gleiche Milde und Nachsicht aufbringen, mit der wir beanspruchen, anderen zu begegnen. Zum Zweiten sollten wir davon ausgehen, dass alles, was uns an unseren Mitmenschen stört, Eigenschaften sind, die auch wir selbst mehr oder weniger aufweisen.

Bevor wir von unserer Umwelt erwarten, dass diese sich ändert, sollten wir es erst einmal fertigbringen, uns selbst zu ändern. Wenn wir erkennen, wie schwer dies ist, werden wir anderen gegenüber eher nachsichtig sein.

Spannungsaspekte (Opposition und Quadrat)

Entsprechen auch Spannungsaspekten zwischen den Herrschern von Haus neun und Haus acht

Spannungsaspekte zwischen Jupiter und Pluto sind ein Hinweis auf übertriebene Ansprüche an die eigene Prinzipientreue. Die Schwierigkeit liegt hier oft in einer maßlosen Überschätzung der Qualitäten anderer. Im Extremfall mag der Horoskopeigner sich in den Wahn hineinsteigern, dass so ziemlich jeder andere intelligenter, schöner, gebildeter, beliebter, konsequenter, ehrlicher, moralischer usw. ist als er selbst.

Als Abwehr dieses für die meisten Menschen verständlicherweise unerträglichen Gefühls gibt es einen Trick, der in der Psychologie Überkompensation genannt wird. Das heißt nichts anderes, als dass man den Spieß umdreht und beschließt, selbst schöner, intelligenter usw. als alle anderen zu sein. Vermutlich ist es fast überflüssig zu erwähnen, dass eine derartige Einstellung immer falsch, unrealistisch und kontraproduktiv ist. Zumal dies nichts daran ändert, dass insbesondere Menschen mit Spannungsaspekten zwischen Jupiter und Pluto dazu neigen, derartige maßlose Fehleinschätzungen zu entwickeln.

Auch hier scheint die Ursache darin zu bestehen, dass das Spannungsverhältnis zwischen Anspruch und Wirklichkeit nicht ertragen werden kann und der Native hierauf entweder masochistisch oder aber manisch reagiert. Erfahrungsgemäß ist eine intensive und gründliche Auseinandersetzung mit philosophischen, insbesondere aber mit religiösen Themen hier hilfreicher als viele gute Worte und manche Psychotherapie.

Es sollte nicht vergessen werden, dass die hier angesprochene

Problematik nichts anderes als die Kehrseite eines enormen Potenzials ist. Nur wer wirklich begreift, wie er eigentlich sein müsste, um mit sich und seiner Umwelt in Einklang zu leben, kann in dem hier beschriebenen Umfang darunter leiden, diesem Anspruch nicht gerecht zu werden.

Für Menschen mit einem christlichen und sozialen Hintergrund, was für die meisten Leser zutreffen dürfte, unabhängig davon, ob sie religiös erzogen wurden oder nicht, kann hier eine differenzierte Beschäftigung mit dem Christentum ausgesprochen nützlich sein. So dürfte beispielsweise der Umstand Anlass zum Nachdenken geben, dass selbst Jesus Christus Schwächen und Fehler hatte, denken wir nur an seine Angst vor dem Tod oder den Ausruf am Kreuz: »Mein Gott, warum hast du mich verlassen?« Mutet es nicht seltsam an, wenn wir von uns eine Vollkommenheit erwarten, die letztlich nicht einmal Jesus, der ja nach christlicher Auffassung Gottes Sohn war, besaß?

Harmonische Aspekte (Trigon und Sextil)

Entsprechen auch harmonischen Aspekten zwischen den Herrschern von Haus neun und Haus acht

Die harmonischen Aspekte zwischen Jupiter und Pluto sind ein Hinweis auf angemessene und damit auch erfüllbare Ansprüche an die eigene Prinzipientreue. Menschen, die harmonische Aspekte zwischen Jupiter und Pluto in Verbindung mit den persönlichen Punkten im Horoskop aufweisen, haben Freude daran, sich in jeder Beziehung Herausforderungen zu suchen, an denen sie wachsen können. Dies gilt für den persönlichen und charakterlichen Bereich genauso wie für Partnerschaften und den Beruf. Ihre Stärke liegt darin, sich Aufgaben zu wählen, deren Niveau niedrig genug liegt, um sie nicht zu überfordern, und hoch genug, um nur durch ernsthafte Anstrengung erreichbar zu sein. Auf diese Weise schaffen sie sich ausreichend Erfolgserlebnisse, um über ein gesundes Selbstwertgefühl und eine im Allgemeinen optimistische Lebenseinstellung zu verfügen. Die Fähigkeit, die Qualitäten anderer angemessen einzuschätzen und zu fördern, ist oft eine ihrer besonderen Stärken. Sie haben begriffen, dass jeder Mensch auf seine Art etwas Besonderes und Einmaliges ist. Da sie dies den Menschen in ihrer Umgebung auch vermitteln können, sind sie in besonderem Maße dazu geeignet, andere zu ermutigen und deren Selbstwertgefühl aufzubauen.

Saturn-Aspekte

Saturn-Uranus-Aspekte

Prinzip: normative Exzentrizität

Konjunktion

Entspricht auch Saturn in Haus elf und Uranus in Haus zehn

Saturn-Uranus-Konjunktionen kommen rund alle 45,5 Jahre vor. Die letzten fanden 1942 und 1988 statt. Während Saturn in der Astrologie mit dem Begriff »konservativ« verbunden ist, wird Uranus mit Begriffen wie »revolutionär« und »extravagant« assoziiert. Wenn beide Prinzipien zusammenkommen, wie dies bei einer Konjunktion der Planeten der Fall ist, bedeutet das eine Allianz von Gegensätzen, die entsprechend Sprengstoff in sich trägt. Meist sind die Nativen in einem Umfeld aufgewachsen, das sie eher als einengend empfanden. Nachdem sie viele Jahre scheinbar problemlos »funktioniert« haben, brechen sie plötzlich aus und sorgen bei Eltern, Freunden und Verwandten für Verwunderung bis Entsetzen. Als Beispiel mag eine Pfarrerstochter dienen, die für ihre Geschwister immer als leuchtendes Beispiel herhalten musste, bis sie davon die Nase so gründlich voll hatte, dass sie von einem Tag auf den anderen mit ihrem Freund zusammenzog, ihn nicht heiratete, aber drei Kinder von ihm bekam. Das war Anfang der Sechzigerjahre ein sehr viel größerer Tabubruch, als wir uns das heute vielleicht noch vorstellen können.

In den meisten Fällen wird sich eine Saturn-Uranus-Konjunktion allerdings weniger spektakulär äußern. Sie bringt vielfach die Fähigkeit mit sich, scheinbar Gegensätzliches miteinander zu vereinen und das Alte mit dem Neuen zu verbinden.

Spannungsaspekte (Opposition und Quadrat)

Entsprechen auch Spannungsaspekten zwischen den Herrschern von Haus zehn und Haus elf

In diesem Jahrhundert kam es zweimal zu Oppositionen zwischen Saturn und Uranus, nämlich in den Jahren 1919 bis 1920 und den Jahren 1965 bis 1967. Quadrate ereigneten sich 1909 bis 1910, 1930 bis 1931, 1951 bis 1952 und 1975 bis 1977 und 1999 bis 2000. Das letzte Quadrat zwischen Saturn und Uranus haben wir 2020 und 2021 erlebt.

Spannungsaspekte zwischen Saturn und Uranus entsprechen zwei polaren, gegensätzlichen und widersprüchlichen Persönlichkeitsanteilen. Die Zuflucht zu konservativen Werten steht einem expansiven, liberalen bis exzentrischen Freiheitsdrang gegenüber. Diese Konstellation repräsentiert, wenn sie im individuellen Horoskop bedeutsam gestellt ist, einen sicheren Hinweis auf einen prägenden Einfluss des Elternhauses, der jedoch in sich unvereinbar und widersprüchlich ist. Am deutlichsten zeigt sich dies in der Persönlichkeit der Eltern, die meist im Naturell, fast immer jedoch in ihrer Einstellung zu Gesellschaft, Status und Karriere völlig unterschiedlich geprägt sind. Da beide einen starken Einfluss auf das Kind ausüben, wächst dieses unter zwei unvereinbaren Traditionen auf, deren gegensätzliche Kriterien unverbunden innerhalb einer Persönlichkeit existieren müssen. Die Herausforderung und Schwierigkeit von Saturn-Uranus-Spannungsaspekten liegt in dem Widerspruch provozierenden oder in sich widersprüchlichen Gesellschaftspersönlichkeit.

Exemplarisch soll dies am Beispiel des Schriftstellers Jack London aufgezeigt werden, der in seinem Horoskop eine Opposition zwischen Saturn und Uranus aufwies. London, der übrigens als uneheliches Kind eines umherziehenden Astrologen auf die Welt kam, war in seiner politischen Einstellung ein vehementer Anhänger des Darwinismus und der Lehre Nietzsches vom Übermenschen. Eine Philosophie, die später von den Nazis zur Rechtfertigung ihrer Rassenpolitik missbraucht wurde. Er brachte es fertig, gleichzeitig überzeugter Sozialist zu sein, ohne die eklatante Unvereinbarkeit beider Standpunkte sehen zu können oder zu wollen.

Souveränität und Unangreifbarkeit werden als die wichtigsten Schutzmechanismen erachtet, um sich der möglichen Kritik der als einengend und maßregelnd empfundenen gesellschaftlichen Normen und deren Vertretern nicht aussetzen zu müssen. Im Berufs- und Gesellschaftsleben wählt der Horoskopeigner daher nach Möglichkeit eine Position, die sich üblichen Bewertungskriterien entzieht. Dies kann unter anderem dadurch erreicht werden, dass er sich auf Themen spezialisiert, von denen kaum jemand etwas versteht, oder neue erfindet, die es bis dahin nicht gab. Auch die Entscheidung, sich der Wahl für das Amt des Bundespräsidenten zu stellen, passt in dieses Bild – ist er doch normalerweise über jede Kritik erhaben. Allerdings werden naturgemäß nur die wenigsten diese Position erreichen können. Walter Scheel und Kurt Waldheim hatten das Amt inne, und beide wiesen eine Saturn-Uranus-Opposition in ihrem Horoskop auf. Dass es im Falle Waldheims allerdings zu einer bis dahin nicht da gewesenen Polarisierung der Meinungen kam, dürfte manchem noch erinnerlich sein.

Doch hat die schützende Exklusivität natürlich auch ihre Schattenseiten: Nur zu leicht zimmert mancher sich auf diese Weise einen Elfenbeinturm, der ihn zwar vor dem Zugriff des Konventionellen schützt, aber eben auch isoliert. Der Spagat zwischen souveräner Autorität und Isolation kann hier zum Lebensthema und Wert an sich werden, im Extremfall nach der Devise »Viel Feind, viel Ehr'«.

Der Archetypus dieser Konstellation ist der »konservative Exzentriker«.

Harmonische Aspekte (Trigon und Sextil)

Entsprechen auch harmonischen Aspekten zwischen den Herrschern von Haus zehn und Haus elf

Die harmonischen Winkel zwischen Saturn und Uranus sind nur dann von individueller Bedeutung, wenn sie mit persönlichen Punkten des Horoskops wie etwa Aszendent oder Medium coeli in Verbindung stehen.

Harmonische Aspekte zwischen Saturn und Uranus weisen häufig auf sogenannte Frühentwickler hin. Obwohl die Nativen oft noch als Erwachsene gelegentlich ein wenig kindlich oder gar verspielt wirken, wissen sie doch schon in jungen Jahren, was sie wollen und wie sie es am schnellsten bekommen. Ausdauer und Geduld bringen sie so lange auf, wie sie für ihre Ziele aktiv arbeiten können, abwarten liegt ihnen jedoch überhaupt nicht. Besonders begabten Persönlichkeiten gelingt es, aus dem Spannungsverhältnis zweier Traditionen oder Lehrmeinungen etwas Drittes, Neues zu schaffen, das außerhalb der bisherigen Konvention und Tradition steht, aber verblüffend problemlos in diese eingegliedert werden kann.

Als Beispiel mag das Saturn-Uranus-Trigon im Horoskop von Hugh Hefner, dem Erfinder des Playboy-Magazins, dienen. Ihm gelang es, die bis dahin verschämt totgeschwiegene oder gar abgestrittene Vorliebe von Männern für Bilder unbekleideter Frauen mit dem Konzept einer anspruchsvollen Illustrierten zu verbinden, in der angesehene Autoren zu aktuellen und grundsätzlichen Themen schreiben. So konnte der Playboy fast so etwas wie eine kulturelle Instanz in den nach wie vor eher prüden USA werden.

Ein weiteres Beispiel wäre der Jazztrompeter Miles Davis, der als erster Jazz und Rock zu einer neuen Einheit verschmolz.

Saturn-Neptun-Aspekte

Prinzip: die Gesetze der Wahrheit

Konjunktion

Entspricht auch Saturn in Haus zwölf und Neptun in Haus zehn

Normalerweise wachsen wir alle in einer Umwelt auf, die uns schon früh ihre ganz eigenen Regeln und Normen beibringt. Hierzu gehört die Art, wie wir sprechen, unser Benehmen und sogar das, was wir im Leben für erstrebenswert zu halten beschlossen haben. Diese Regeln und Normen stellen keine objektiven, wahren Werte dar, sondern entsprechen lediglich einer sozialen Konvention. So bedeutet zum Beispiel in unserem Kulturkreis Kopfnicken allgemein »ja« und wird auch über Sprachgrenzen hinweg richtig verstanden. Dennoch ist die Verbindung »Kopfnicken/ja« nichts anderes als eine sehr weit verbreitete Übereinkunft. In Indien bedeutet das, was wir bei uns als Kopfschütteln interpretieren würden, hingegen »ja« statt »nein«. Solchen Übereinkünften eine Bedeutung an und für sich zuzuschreiben wäre genauso sinnvoll wie die Entscheidung, dass der Linksverkehr wie in England und Australien die einzig richtige Art wäre, den Straßenverkehr zu ordnen. Diese Ansicht mag vielleicht Engländern und Australiern sympathisch erscheinen – vernünftig, sinnvoll oder logisch ist sie hingegen nicht. Dies liegt einfach daran, dass Konventionen keine eigenständige Bedeutung haben können, sondern eben immer nur die, die wir – das heißt diejenigen, welche die Konventionen geschaffen haben – ihr geben. Dennoch verwechseln wir im Alltag Konvention und Bedeutung permanent. So wird ein wohlerzogener Mitteleuropäer zum Beispiel immer Probleme mit den Tischmanieren eines ebenso wohlerzogenen Amerikaners haben, da dieser sich – gemäß der Übereinkunft aller Amerikaner – höflich und gut benimmt, das gleiche Benehmen aber – nach der Übereinkunft der Mitteleuropäer – unhöflich und schlecht ist. In der Praxis befindet sich also die nicht benutzte Hand unter statt auf dem Tisch, das Messer wird nach dem Schneiden aus der Hand gelegt, und die Gabel wechselt von der linken auf die rechte Seite usw. Unser Gastgeber wird Schwierigkeiten haben, dieses Verhalten emotional als gutes Benehmen zu klassifizieren, selbst wenn er weiß, dass es dies im Kontext der amerikanischen Kultur ist. Wem diese Unterscheidung noch nicht ganz klar ist oder wem sie als intellektuelle Spitzfindigkeit erscheint, der möge sich eine Kultur vorstellen, in der die Menschen sich als Zeichen der Hochachtung und freudigen Begrüßung gegenseitig ins Gesicht spucken. Selbst wenn Sie dies wüssten, würden Sie eine gewisse Gewöhnungszeit benötigen, bis Sie sich von ganzem Herzen darüber freuen könnten, wenn Sie jemand auf diese Weise begrüßte.

All diese Probleme hat ein Mensch mit einer Saturn-Neptun-Konjunktion im Horoskop – so sie von individueller Bedeutung ist – nicht. Menschen mit dieser Konstellation wuchsen in einer Umgebung auf, in der sie kein einzelnes eindeutiges und klares Bezugssystem gesellschaftlicher Konventionen entwickeln konnten. Das heißt, die Schwierigkeit, bestimmte Übereinkünfte als richtig und andere als falsch zu betrachten, ergab sich einfach deshalb nicht, weil der Horoskopeigner zum Beispiel von Kindheit an mit mehreren sich widersprechenden Übereinkünften aufwuchs – etwa wenn ein Elternteil Amerikaner und ein anderer Mitteleuropäer war und beide viel Wert auf gutes Benehmen bei Tisch legen.

Dadurch, dass kein soziales Normensystem wirklich vollständig erlernt wurde, und durch die Tatsache bedingt, dass der Native je nach Kontext gezwungen ist, das Normensystem zu wechseln, ergibt sich die instinktive Relativierung des Wertes sozialer Konventionen. Die Nativen durchschauen also einfach, dass bestimmte Regeln zum Beispiel unsinnig sind und nur deshalb von den meisten Menschen befolgt werden, weil niemand sie hinterfragt. Dies macht es leicht, sich etwa über bestimmte Gesetze hinwegzusetzen. Umgekehrt fällt es einem schwer, ein Unrechtsbewusstsein für Verhaltensweisen zu entwickeln, von denen man weiß, dass sie in anderen Gesellschaften straffrei sind. Kein mitteleuropäischer oder amerikanischer Gastarbeiter in Saudi-Arabien wird in diesem Land aus moralischer Überzeugung auf den Alkoholgenuss verzichten, wenn er dies nicht vorher auch schon getan hat. Die einzige Motivation, sich an Gesetze zu halten, ist die Angst vor Strafe – keine besonders tragfähige Basis für eine Gesellschaft.

In diesem Sinne sind Menschen mit individueller Saturn-Neptun-Konjunktion im Horoskop Anarchisten. Sie halten sich nur an die gesellschaftlichen Konventionen, die ihnen nützen. In allen anderen Fällen achten sie lediglich darauf, sich nicht erwischen zu lassen. Auf einer höheren Bewusstseins- und Entwicklungsebene wird der Horoskopeigner jedoch wieder die Notwendigkeit von Konventionen trotz ihrer Relativität akzeptieren können, da er verstanden hat, dass ohne sie ein Zusammenleben nicht möglich wäre. Wer nicht dem Wahn erliegt, besser zu sein als andere und daher Anspruch auf eine Sonderbehandlung zu haben, wird deshalb dann auch die allgemeinverbindlichen Konventionen wie zum Beispiel die Gesetze akzeptieren und einhalten – und in Saudi-Arabien freiwillig keinen Alkohol trinken.

Spannungsaspekte (Opposition und Quadrat)

Entsprechen auch Spannungsaspekten zwischen den Herrschern von Haus zehn und Haus zwölf

Menschen mit dieser Konstellation wuchsen in einer Umgebung auf, in der sie kein eindeutiges und klares Bezugssystem gesellschaftlicher Konventionen entwickeln konnten.

Dies macht es – wie bei der Konjunktion – leicht, sich etwa über bestimmte Gesetze hinwegzusetzen. Umgekehrt fällt es uns schwer, ein Unrechtsbewusstsein für Verhaltensweisen zu entwickeln, von denen wir wissen, dass es soziale Kontexte gibt, in denen diese straffrei sind. Die einzige Motivation, sich an Gesetze zu halten, ist die Angst vor Strafe.

Die Nativen halten sich nur an die gesellschaftlichen Konventionen, die ihnen nützen. In allen anderen Fällen achten sie lediglich darauf, sich nicht erwischen zu lassen.

Spannungsaspekte zwischen Saturn und Neptun können auf eine überhöhte Glückserwartung in der Zukunft hindeuten. Eine an sich positive, weil optimistische Lebenseinstellung, kann hier in Krisenzeiten die Bodenhaftung verlieren. Anstatt die Lösung seiner Probleme in der Gegenart zu suchen und selbst in die Hand zu nehmen, hofft der Horoskopeigner hier unrealistischerweise auf die Erlösung durch wundersame zukünftige Veränderungen in der Gesellschaft.

Durch den Hang, sich in schwierigen Situationen in eine innere Traumwelt zurückzuziehen, wird die Sache nicht besser. Ausnahmen sind hier Künstler, Märchenerzähler, Science-Fiction Autoren oder Visionäre wie Erich von Däniken. Denn diese Menschen haben ihre Traumwelt zum Beruf gemacht, sodass hier nicht mehr zwischen Wirklichkeit und Realitätsflucht unterschieden werden kann.

Durch die Neigung, sich in Konfliktsituationen in eine innere Traumwelt zurückzuziehen, anstatt sich Auseinandersetzungen zu stellen, ihren Standpunkt zu vertreten und zu verteidigen, können die Nativen in wachsendem Maße auf Unverständnis stoßen. Überzogene Konfliktvermeidung wie auch ein allzu tolerantes Verhältnis zur Wahrheit sind die großen Fallen dieser Konstellation. Beides führt zur zumindest innerlichen Isolation, da die Gefahr besteht, dass die Horoskopeigner immer mehr die Fähigkeit verlernen, angemessen auf die Erfordernisse des Alltags zu reagieren.

Spannungsaspekte zwischen Venus und Neptun entsprechen einem extrem sensibilisierten Empfinden für gesellschaftliche Prozesse und Zeitströmungen.

Menschen mit dieser Konstellation haben Schwierigkeiten, auf konventionelle Weise ein Arbeitsleben zu führen. Berufswechsel und unorthodoxe Karrieren kommen hier häufiger vor.

Der konkrete Alltag wird als irritierend erlebt, da der Horoskopeigner der rein physischen Welt immer noch ein wenig staunend und fremd gegenübersteht. Wenn allerdings die Sehnsucht nach höherem Wissen und Verstehen so überhandnimmt, dass die Orientierung im Alltäglichen als unerträglich unbefriedigend und langweilig empfunden wird, so kann dies fatale Folgen haben. Es entwickelt sich eine Vermeidungshaltung gegenüber jeder Art von echter Anstrengung, die Nativen verlieren die Fähigkeit, konkrete Wünsche zu formulieren und ihre Verwirklichung anzustreben.

Hoch entwickelte Persönlichkeiten mit dieser Konstellation sind Visionäre und Idealisten, die sich nach einer utopischen, von allen Ungerechtigkeiten befreiten Gesellschaft sehnen. Lernaufgabe und Herausforderung ist für sie, die Spannung zwischen Utopie und Realität zu ertragen, sich dem langweiligen, ungerechten und beschwerlichen Alltag zu stellen und nicht dem Fehler zu verfallen, dass sie einfach nur auf bessere Zeiten warten.

Harmonische Aspekte (Trigon und Sextil)

Entsprechen auch harmonischen Aspekten zwischen den Herrschern von Haus zehn und Haus zwölf

Menschen mit dieser Konstellation im Horoskop haben die seltene Fähigkeit, in allen Dingen das mögliche Positive, das heißt das Entwicklungspotenzial, sehen zu können. Es gelingt ihnen, die alltagsbezogenen und die visionären, zukunftsorientierten Seiten ihrer Persönlichkeit miteinander zu verbinden, ohne dadurch seltsam oder unrealistisch zu wirken.

Ihre Fähigkeit, Zukunftsszenerien zu erarbeiten, und ihre Begeisterung für neue Ideen sind ansteckend, sodass sie im Beruf oder im Bekanntenkreis selbst eher konservativ Denkende zu überzeugen wissen.

In der Regel fühlen sie sich in der sozialen Umgebung, in der sie leben, recht wohl. Doch auch hier richtet sich ihr Empfinden mehr auf das, was sein könnte, was als Entwicklungsmöglichkeiten vorhanden ist, als auf das, was jetzt ist.

In manchen Fällen weist diese Konstellation die Gefahr einer überzogenen Erwartungshaltung an die Zukunft auf. Der Native bemüht sich nur wenig darum, die gegenwärtigen Probleme zu meistern, da er auf eine mühelose, automatische Lösung in der

Zukunft hofft. Ein extremes Beispiel wäre ein homosexueller Klient, der bedingt durch seine Neigung zur Hauptrisikogruppe für eine Aidsinfektion gehört. Obwohl er häufig wechselnde Partner hat, sieht er keinen Grund, sich und andere durch Kondome zu schützen. Wie er in einer Beratung erklärte, ist er davon überzeugt, dass er, falls er tatsächlich an Aids erkranken würde, mit Sicherheit noch in den Genuss eines bis dahin entdeckten Heilmittels käme. Eine solche Einstellung ist natürlich, gelinde gesagt, sträflicher Leichtsinn. Hier wird nicht nur das eigene Leben, sondern auch das anderer verantwortungslos aufs Spiel gesetzt.

Doch dies sollte lediglich ein Beispiel sein, wie verhängnisvoll überzogene Zukunftserwartungen sein können. Insbesondere wenn sie als Rechtfertigung herhalten müssen für die Weigerung, sich gegenwärtigen Fragen und Problemen zu stellen.

Saturn-Pluto-Aspekte

Prinzip: prinzipienorientierte Durchsetzungsfähigkeit

Konjunktion

Entspricht auch Saturn in Haus acht und Pluto in Haus zehn

Saturn-Pluto-Konjunktionen symbolisieren das Bedürfnis, Konzentrationsvermögen und Selbstdisziplin in den Dienst überpersönlicher Zielsetzungen zu stellen. Menschen mit dieser Konstellation sehnen sich daher nach eindeutigen Werten, nach denen sie ihr Leben ausrichten können. Sie sind auch bereit, hierfür einiges an Opfern und Einschränkungen auf sich zu nehmen.

Saturn-Pluto-Verbindungen stellen mehr Ausdauer und konzentrierte Energie zur Verfügung, als irgendeine andere Konstellation dies könnte. Durchhalten und einmal Begonnenes zu Ende zu führen kann hier fast schon zum Selbstzweck werden. So vorteilhaft, wie dieser Aspekt zum Beispiel für Marathonläufer oder

Triathleten ist, so bringt er auch Probleme mit sich, wenn es darum geht, einen falschen Weg als solchen zu erkennen und ihn wieder verlassen zu können. Größere Veränderungen und Umstellungen sind den Nativen meist ausgesprochen unrecht und irritieren sie nur, sie lieben die Vertrautheit einer geordneten Routine, die von ihnen durchaus nicht als langweilig und einengend empfunden wird. Sie benötigen im Gegenteil einen solchen Rahmen, der ihnen das Gefühl von Sicherheit gibt, um ein Fundament für ihre weitreichenden und tiefgründigen Pläne zu haben.

Häufig beschäftigen sie sich mit moralischen und ethischen Themen, so gut wie immer haben sie ein brennendes Interesse an den Prinzipien, die hinter den Dingen sind. Große Geister unter ihnen versuchen zu ergründen, was die Welt im Kern zusammenhält. So verwundert es nicht, dass es unter den Saturn-Pluto-Geborenen auch einige hervorragende Philosophen und Astrologen gibt.

Spannungsaspekte (Opposition und Quadrat)

Entsprechen auch Spannungsaspekten zwischen den Herrschern von Haus zehn und Haus acht

Spannungsaspekte zwischen Saturn und Pluto sind ein Hinweis auf die Widersprüchlichkeit von gesellschaftlichen und moralischen Erwartungen. So werden von einem vielleicht im Beruf Verhaltensweisen erwartet (wie zum Beispiel die Kündigung von Mitarbeitern), die der Horoskopeigner moralisch ablehnt, sodass er sich immer wieder schmerzhaft zwischen Karriere und Ethik entscheiden muss. Extreme Selbstdisziplin und Leistungsbereitschaft bis hin zur Selbstverleugnung werden dann gelegentlich als besondere Ernsthaftigkeit und Charakterstärke missverstanden und sollen der Lösung der inneren Spannung dienen.

Spannungsaspekte zwischen Saturn und Pluto zeigen die Schwierigkeit, gesellschaftliche Normen und persönliche Wert- und Moralvorstellungen miteinander in Einklang zu bringen. Sie verfügen über ein überaus großes Verantwortungsbewusstsein, das sie gerne in den Dienst einer höheren Ordnung stellen würden. Der Mangel an Klarheit im religiösen, philosophischen, moralischen und sozialen Bereich verwirrt sie jedoch nicht unerheblich. So verbringen viele einen nicht unerheblichen Teil ihres Lebens auf der Suche nach eindeutigen Werten, nach denen sie ihr Leben ausrichten können. Hierfür sind sie auch bereit, einiges an Opfern und Einschränkungen auf sich zu nehmen.

Diese Konstellationen stellen mehr Ausdauer und konzentrierte Energie zur Verfügung als irgendeine andere. Wie bereits angedeutet, gibt es keine Schwierigkeiten, einen einmal als richtig erkannten und eingeschlagenen Weg auch zu Ende zu gehen. Dafür fällt es dem Nativen umso schwerer, sich zu entscheiden, nach welchen Kriterien und Maßstäben er sein Leben ausrichten möchte. Größere Veränderungen und Umstellungen sind ihm meist unangenehm und verwirrend. Er liebt geregelte Abläufe sehr und hat einen natürlichen Hang, Prozesse zu ritualisieren. In manchen Fällen mag die Ordnungsliebe bis hin zur Zwanghaftigkeit gehen.

Wie bei der Konjunktion beschäftigen sich die Horoskopeigner häufig mit moralischen und ethischen Themen, so gut wie immer haben sie ein brennendes Interesse an den Prinzipien, die hinter den Dingen stehen. Vielfach leiden sie sehr unter der Unvereinbarkeit von Anspruch und Wirklichkeit und machen sich selbst bittere Vorwürfe, dass sie ihren eigenen Maßstäben nicht immer vollkommen genügen können.

Harmonische Aspekte (Trigon und Sextil)

(entsprechen auch harmonischen Aspekten zwischen den Herrschern von Haus zehn und Haus acht

Harmonische Aspekte zwischen Saturn und Pluto bieten die Chance für ein ausgeglichenes Verhältnis zwischen Verantwortungsgefühl und Machtstreben. Bei dieser Konstellation sind die Fähigkeit, übergeordnete Interessen durchzusetzen, und die Orientierung innerhalb vorgegebener Strukturen miteinander verbunden.

Menschen mit dieser Konstellation im Horoskop erscheinen anderen oft schon zu einem relativ frühen Zeitpunkt in ihrem Leben als voll entwickelte Persönlichkeiten. Ihre Standpunkte und Meinungen revidieren sie auch im Laufe von Jahrzehnten kaum noch. Dementsprechend gering ist der Einfluss, den Freunde, Partner und Lehrer noch auf sie nehmen können. Dennoch hat diese außerordentliche Fähigkeit zur Konsequenz nichts mit Verbohrtheit oder Sturheit zu tun. Wenn Änderungen in Einstellungen oder Verhalten notwendig sind, werden sie von den Nativen auch vorgenommen. Sie prüfen lediglich sehr genau, ob Veränderungen denn tatsächlich notwendig sind, und führen diese niemals um ihrer selbst willen, etwa wegen dem Bedürfnis nach Abwechslung oder aus Unsicherheit, aus.

Wenn der Saturn-Pluto-Aspekt eine Verbindung zu den individuellen Punkten im Horoskop aufweist, so ist dies immer ein Hinweis auf die Fähigkeit, das Wesen oder den Kern einer Sache zu erkennen. Da der Native sich auf diesen Kern konzentriert, verliert er sich niemals in Nebensächlichkeiten.

Uranus-Aspekte

Prinzip: die neue Wahrheit

Konjunktion

Entspricht auch Uranus im zwölften Haus und Neptun im elften Haus

Die Konjunktion zwischen Uranus und Neptun kommt ausgesprochen selten vor. Nur einmal in 171,5 Jahren tritt sie auf. Die letzte Uranus-Neptun-Konjunktion fand 1993 statt, sodass die Menschen mit dieser Konstellation im Horoskop noch recht jung sind. Die Konjunktion davor ergab sich Anfang 1821. Aspekte, die nur in solch großen Abständen auftreten, sind vor allem in der Deutung von kosmischen Zyklen und weltpolitischen Ereignissen wichtig. Außerdem geben sie interessante Aufschlüsse für die Beurteilung von Generationsunterschieden. Im persönlichen Horoskop spielen sie dagegen eine untergeordnete Rolle, die Wirkung dieser Planetenverbindungen für sich genommen ist einfach nicht besonders individuell. Eine Ausnahme sind Nativitäten, bei denen diese Konstellation eine direkte Verbindung mit den persönlichen Punkten des Horoskops eingeht, wie zum Beispiel Aszendent oder Medium coeli.

Dieser Aspekt symbolisiert den Beginn eines neuen Entwicklungszyklus im kollektiven Bewusstsein. Neue Vorstellungen von Wissenschaft und Wahrheit verbreiten sich und lösen das alte Weltbild ab. Insbesondere im Sozialwesen gibt es eine Erneuerungsbewegung, die eine gerechtere Verteilung von Bildung und Ressourcen für alle anstrebt. Klassen- und Rassenschranken sowie religiöse Diskriminierung sollen überwunden und letztlich abgeschafft werden. Gleichzeitig ergibt sich insbesondere in der Anfangszeit des Zyklus, die wir mit plus/minus zehn Jahren ansetzen können, eine heftige nationalkonservative Gegenbewegung, wie wir sie derzeit zum Beispiel im Erstarken fundamentalistischer Strömungen im

Christentum und vor allem im Islam erleben. Während aufgeklärte Menschen in wachsendem Maße vom »globalen Dorf« sprechen, in dem dank moderner Computertechnik Grenzen und Entfernungen kaum noch eine Rolle spielen, versuchen andere das Rad der Zeit zurückzudrehen und mit Gewalt das herbeizubomben, was sie in ihrem Wahn für einen »Gottesstaat« halten.

Neue Erkenntnisse der Naturwissenschaften im Allgemeinen und der Physik im Besonderen werden in den nächsten Jahrzehnten zu einer völlig veränderten Weitsicht führen.

Spannungsaspekte (Opposition und Quadrat)

Entsprechen auch Spannungsaspekten zwischen den Herrschern von Haus elf und Haus zwölf

Der letzte Spannungsaspekt zwischen Uranus und Neptun war ein Quadrat und fand 1953 bis 1956 statt. Menschen, bei denen dieser Aspekt mit persönlichen Punkten im Horoskop verbunden ist, neigen nicht gerade zur Leichtgläubigkeit. Behauptungen, neue Erkenntnisse und kosmische Wahrheiten müssen ihnen erst einmal bewiesen und mit fundierten Argumenten untermauert werden, bevor sie bereit sind, der Sache zu trauen. Höher entwickelte Persönlichkeiten haben erkannt, dass die Wahrheit so viele unterschiedliche Facetten hat, dass mancher versucht sein könnte, jeden denkbaren Standpunkt als gleich richtig oder gleich falsch aufzufassen. Wer auf dieser Erkenntnisstufe stecken bleibt, kann Opfer eines destruktiven Nihilismus werden. Das heißt, der Zweifel an der Existenz irgendwelcher moralischer, ethischer, aber auch wissenschaftlicher Werte wird so groß, dass der Horoskopeigner keinerlei Motivationen mehr entwickeln kann, sich für irgendetwas zu engagieren, und zum sarkastischen und verbitterten Lebensverächter wird. Diese Krise kann jedoch überwunden werden, wenn begriffen wird, dass die Gleichzeitigkeit verschiedener Wahrheiten nicht dazu führt, dass sich diese gegenseitig zum Nullergebnis aufheben. Vielmehr erzwingen sie zum einen die Erkenntnis, dass jede absolute

Einstellung kontraproduktiv und einfach falsch ist. Zum anderen ist der Wert von Erkenntnissen und Wahrheiten eben ein relativer und kein objektiver. Wirklichkeiten sind abhängig vom jeweiligen Bezugssystem. So ist es zum Beispiel nach wie vor korrekt, dass wir vom Sonnenaufgang sprechen, da wir von der Erde aus eben die Sonne morgens im Osten aufgehen sehen. Nehmen wir hingegen die Sonne als Bezugssystem, so erkennen wir, dass von ihrer Seite überhaupt keine Bewegung stattgefunden, sondern die Erde sich lediglich ein Stück weiter um ihre eigene Achse gedreht hat. Beide Aussagen sind in sich richtig, es kommt eben nur auf die Position an, von der aus wir die Angelegenheit betrachten.

Die Relativität objektiver Erkenntnis mit all ihren ungeheuren Implikationen ist bis jetzt von kaum jemandem verstanden worden. Sobald dies der Fall ist, wird sich unser Bild von der Welt genauso radikal verändern, wie dies seinerzeit die Einstein'sche Relativitätstheorie in der Physik getan hat.

Harmonische Aspekte (Trigon und Sextil)

Entsprechen auch harmonischen Aspekten zwischen den Herrschern von Haus elf und Haus zwölf

Wenn diese Konstellation mit persönlichen Punkten im Horoskop in Verbindung steht – und nur dann ist sie für die individuelle Deutung überhaupt relevant –, ergibt sich hier die Chance zu völlig neuen, revolutionären Erkenntniszugängen. So besaß zum Beispiel Albert Einstein diese Konstellation im Horoskop; seine Relativitätstheorie hat unser Weltbild für immer verändert. Pablo Picasso, dessen Horoskop ebenfalls ein Uranus-Neptun-Trigon aufwies, prägte die moderne Malerei.

Leider, aber natürlich, kann nicht jeder von uns ein Einstein oder ein Picasso sein, doch allen Menschen mit diesem Aspekt ist die Unabhängigkeit und Freiheit von Konventionen gemeinsam. Das heißt, er ermöglicht außergewöhnliche Erkenntnisse und Einsichten, weil der Native sich nicht den einschränkenden tradierten

Lehrmeinungen in einem Maße unterwirft, dass es ihm nicht mehr gelingt, ihre Fehler und Begrenzungen zu überwinden. Die Freiheit von Konventionen birgt aber auch die Freiheit zum Irrtum, zum Selbstbetrug, zur Amoral und zum verhängnisvollen Experiment in sich. Zwei Beispiele seien genannt: Der Physiker Otto Hahn, der ebenfalls ein Uranus-Neptun-Trigon im Horoskop aufwies, ahnte sicherlich nicht, welche schrecklichen Konsequenzen die von ihm erstmals vollbrachte »Atomzertrümmerung« mit sich brachte, nämlich die Atombombe.

Während des gesamten Zweiten Weltkriegs standen Uranus und Neptun im Trigon zueinander. Einen Krieg dieses Ausmaßes mit einer solchen Verkennung der Realitäten und Konsequenzen hatte es bis dahin nicht gegeben. Es bleibt zu hoffen, dass es auch nie wieder einen solchen Krieg geben wird.

Uranus-Pluto-Aspekte

Prinzip: der Paradigmenwechsel

Konjunktion

Entspricht auch Uranus in Haus acht und Pluto in Haus elf

Da Pluto für den Durchgang durch ein Tierkreiszeichen etwa 20 V2 Jahre benötigt und Uranus in rund 84 Jahren wieder zu seinem Ausgangspunkt zurückkehrt, ergeben sich Konjunktionen zwischen Uranus und Pluto in Abständen von mehr als hundert Jahren. Die letzte Konjunktion im vorigen Jahrhundert fand um 1850 statt. Wie bei allen anderen Langsamläufern auch, so sind auch hier die Aspekte, insbesondere die Konjunktion, von besonderer Bedeutung für das Verständnis von kollektiven Entwicklungszyklen. In diesem Sinne können wir sie auch als sogenannte Generationenaspekte auffassen, denen eine individuelle Bedeutung nur dann zukommt, wenn sie in besonderer Weise mit der Häuserstruktur des

Geburtshoroskops verbunden sind. Dies gilt zum Beispiel, wenn sich die Konjunktion zwischen Uranus und Pluto am Aszendenten oder Medium coeli befindet.

Die Konjunktion von Uranus und Pluto war in diesem Jahrhundert um das Jahr 1965 herum gültig. Sie ist das Kennzeichen einer Generation, die die Wertmaßstäbe von Menschen, die das Ende des Zweiten Weltkrieges noch miterlebt haben, nicht mehr nachvollziehen kann, ohne jedoch selbst bereits Alternativen hierzu anbieten zu können. So werden Widersprüchlichkeit und Desorientierung zu einer nicht ganz freiwilligen Lebensmaxime, die allen Autoritäten und Verbindlichkeiten misstraut. Die Verbindung Uranus/Pluto entspricht der Revolutionierung, der Umwälzung alter Werte, der Vermeidung von Dogmen und der Unabhängigkeit von tradierten und archaischen Machtstrukturen. Menschen mit dieser Konstellation im Horoskop können zu Mittlern zwischen den Werten der alten und der neuen Zeit werden. Da ihnen beide Wertesysteme gleich vertraut, aber auch gleich fremd sind, können ausgerechnet sie, die ideologisch Heimatlosen, in besonderem Maße Brücken zwischen verfeindeten Weltanschauungen bauen. In dieser Hinsicht vermögen sie gute Schlichter und Diplomaten zu sein.

Spannungsaspekte (Opposition und Quadrat)

Entsprechen auch Spannungsaspekten zwischen den Herrschern von Haus elf und Haus acht

Der letzte Spannungsaspekt zwischen Uranus und Pluto, das heißt, um genau zu sein, das letzte Quadrat fand 1933 statt, in dem Jahr also, in dem unter anderem Hitler Reichskanzler wurde. Noch während der Gültigkeit des Transits trat das sogenannte »Ermächtigungsgesetz« in Kraft, mit dem sich die Demokratie in Deutschland selbst abschaffte und die Tyrannei des Nationalsozialismus auch noch mit dem Feigenblättchen der Legalität versorgte.

Menschen, die diesen Aspekt im Horoskop aufweisen, gehören daher einer Generation an, deren Glaube an Autoritäten tief erschüttert ist. Falls die Konstellation eine direkte Beziehung zum Geburtshoroskop aufweist, ist hier eine oft betont unpolitische Einstellung auffällig. Wer für nichts ist, ist auch gegen nichts und muss nicht fürchten, dass er, wenn der Wind sich dreht, von der Seite der »Guten« plötzlich auf die Seite der »Bösen« gerät.

Spannungsaspekte zwischen Uranus und Pluto sind ein Hinweis auf eine Generation, die sich aus Angst vor falschen Ideologien in eine rein materialistische Weitsicht flüchtet, in der finanzielle Absicherung, Versorgung und Wohlstand die einzigen Werte sind, an denen sie sich orientiert.

Bei sensiblen Persönlichkeiten dringt die verdrängte Auseinandersetzung mit Machtthemen und Ideologien in Form von Angst- und Gewaltfantasien an die Oberfläche. Hierbei kann es sich um Alpträume, aber beispielsweise auch um klaustrophobische Angst handeln.

Lernaufgabe und Herausforderung dieser Konstellation ist die Überwindung der Polarität Kadavergehorsam versus Rebellion. Wir alle sind gezwungen, unser Leben in Machtstrukturen zu verbringen, die wir weder selbst geschaffen haben noch in allen Punkten gutheißen. Ohne diesen ideologischen Überbau wäre ein Zusammenleben der Menschen wohl nicht möglich. Dies heißt jedoch nicht, dass der Horoskopeigner sklavisch allen Erwartungen entsprechen muss, von denen er glaubt, dass sie an ihn gestellt werden. Vor allen Dingen heißt dies nicht, dass Macht und sogenannte Autorität Werte an sich sind, denen er also noch nicht einmal heimlich widerstehen dürfte, ohne schuldig zu werden.

Manche höher entwickelten Persönlichkeiten, insbesondere solche, die Opfer der Schreckensherrschaften Stalins oder Hitlers waren, wurden zu glühenden Vertretern von Ideologien, die die Befreiung des Menschen von aller Unterdrückung versprachen. Bedauerlicherweise ist dies ein Versprechen, das nahezu ausnahmslos alle Ideologien geben, jedoch keine halten konnte. Im Gegenteil: Je höher die wahren oder scheinbaren Ideale sind, für die eine bestimmte Ideologie steht, umso größer sind die Vergewaltigungen der Menschlichkeit, die mancher für ihre Verwirklichung in Kauf nehmen zu dürfen meint. Spannungsaspekte zwischen Uranus und Pluto sowie die analogen Häuserherrscher lehren uns, dass keine Weltanschauung, und sei sie noch so edel und erstrebenswert, Freiheit und Individualität des Einzelnen zerstören darf. Das Dogma hat sich dem Menschen unterzuordnen, nicht umgekehrt.

Harmonische Aspekte (Trigon und Sextil)

Entsprechen auch harmonischen Aspekten zwischen den Herrschern von Haus elf und Haus acht

Wie alle anderen Aspekte der Langsamläufer auch sind die harmonischen Winkel zwischen Uranus und Pluto nur dann von individueller Bedeutung, wenn sie mit persönlichen Punkten des Horoskops sowie mit Aszendent oder Medium coeli in Verbindung stehen. In Bezug auf das Weltgeschehen ist es interessant zu sehen, dass das Trigon zwischen Uranus und Pluto mit der Zeit der Weimarer Republik zusammenfällt. Diese scheiterte letztlich an ihren idealistischen und moralischen Stärken, nämlich der Bereitschaft, das größte denkbare Ausmaß an ideologischem und politischem Pluralismus zuzulassen. Ähnliches ließe sich im Übrigen auch über Entwicklungen in den USA, in China und der Sowjetunion in den Zwanzigerjahren sagen.

Wenn harmonische Aspekte zwischen Uranus und Pluto im individuellen Horoskop von Bedeutung sind, dann weisen sie immer auf die Gefahr hin, dass die Toleranz anderen und Andersdenkenden gegenüber so weit gehen kann, dass damit die eigene Existenz gefährdet wird. Die Freiheiten, die ich dem anderen zubillige, seien es Personen, Weltanschauungen oder was auch immer, erreichen dort ihre Grenze – oder sollten dies zumindest tun –, wo sie meine eigene Freiheit einschränken oder sogar meine Existenz gefährden. Letztlich erwächst diese gefährliche unangemessene Toleranz aus der Überschätzung der eigenen Möglichkeiten und der Unterschätzung der gewalttätigen und kriminellen Energie unserer Gegner.

Dennoch soll hier ein an sich konstruktiver Aspekt nicht

schlechtgeredet werden. Zeigen uns die harmonischen Aspekte zwischen Uranus und Pluto doch, wie wir Individualität und Kollektiv, Freiheit und Zwang am besten miteinander vereinen können, ohne dass ein Prinzip zugunsten des anderen geopfert werden müsste oder auch nur unzumutbare Einschränkungen hinzunehmen wären.

Menschen, die diese Konstellation verkörpern, können uns lehren, Wertvorstellungen und Einstellungen nicht als starre, unveränderliche Dogmen aufzufassen, sondern sie einer humanen und sanften Evolution zu unterwerfen. Der Wandel der Werte kann helfen, überholte Tabus zu überwinden, wie dies zum Beispiel in den letzten Jahrzehnten mit den Vorstellungen von Partnerschaft, Sexualität und Ehe geschah.

Neptun-Aspekte

Neptun-Pluto-Aspekte

Prinzip: vorstellungsbezogener Idealismus

Harmonische Aspekte (Sextil)

Entsprechen auch harmonischen Aspekten zwischen den Herrschern von Haus acht und Haus zwölf

Der einzige Hauptaspekt, den Neptun und Pluto in diesem Jahrhundert miteinander bilden, ist ein Sextil, das seit 1945 mit einem mehr oder weniger großen Orbis andauert. Durch die in den letzten Jahrzehnten ziemlich ähnliche Bahngeschwindigkeit von Neptun und Pluto blieb der Abstand zwischen beiden Planeten relativ gleich, sodass sich am genannten Sextil kaum etwas änderte. Dies ist auch der Grund, warum lediglich dieser Aspekt hier behandelt wird: Für die übrigen Konstellationen wird es kaum noch lebende Leser geben; die letzte Konjunktion von Neptun und Pluto fand Ende des letzten Jahrhunderts statt, die anderen Aspekte liegen noch wesentlich weiter zurück.

Da das Sextil zwischen Neptun und Pluto für einen derart langen Zeitraum und damit für alle Menschen, die in diesem geboren sind, gilt, kommt ihm keinerlei individuelle Bedeutung zu, es sei denn, einer der Planeten bildet einen exakten Aspekt zu Aszendent oder Medium coeli.

Da Pluto erst seit wenigen Jahrzehnten bekannt ist, gibt es kaum praktische Erfahrungen zu seinen Aspekten mit Neptun. Dennoch ist es bemerkenswert, dass das erste Zustandekommen des Sextils zwischen Neptun und Pluto recht genau mit dem Ende des Zweiten Weltkriegs zusammenfällt. Traditionell wird Neptun unter anderem dem Sozialismus zugeordnet, während eine Analogie Plutos Faschismus, Rassismus, Nationalismus und andere totalitäre Systeme sind. Es ist auffällig, dass mit dem ersten harmonischen Aspekt der Nationalsozialismus zu Fall kam. Folgerichtig bestand bei der Machtübernahme durch die Nazis ein Halbquadrat, der einzige

Spannungsaspekt zwischen beiden Planeten, der in diesem Jahrhundert möglich war. Harmonische Neptun-Pluto-Aspekte scheinen daher darauf hinzudeuten, dass unser Bedürfnis, blind irgendwelchen Autoritäten oder Führerfiguren zu vertrauen, äußerst unheilvoll und gefährlich ist. So unbequem, wie es vielen erscheinen mag, so nötig ist es doch, dass wir für unser Leben selbst die Verantwortung übernehmen und uns nicht hinter kindischen Befehl-und-Gehorsam-Spielen verstecken. Schließlich müssen wir in moralischer, ethischer und karmischer Hinsicht für unsere Taten selbst geradestehen. Diesen Bewusstseinsprozess scheint die westliche Welt in wachsendem Maße zu durchleben, was unter anderem auch an dem Autoritätsverlust der Amtskirchen, den Bürgerinitiativen und der Frauenbewegung sichtbar wird.

Für Menschen, die einen Aspekt von Neptun oder Pluto auf Aszendent oder Medium coeli haben, wird das Thema Selbstverantwortung und Überwindung verkrusteter Machtstrukturen von direkter persönlicher Bedeutung sein. Vielleicht setzen sie sich für die Rechte Unterdrückter ein, oder sie engagieren sich in Gewerkschaften, Bürgerinitiativen oder der Friedensbewegung.

Standardwerke der Astrologie

MICHAEL ROSCHER

Kritische Grade im Horoskop

162 Seiten, Hardcover
ISBN 3-89997-121-3

Die besondere Bedeutung einzelner Tierkreisgrade wurde im Verlauf der Entwicklung der Astrologie immer wieder hervorgehoben. Der Autor legt ein eigenständiges Regelwerk zu diesem Thema vor. Jeder Grad auf dem Tierkreis hat eine individuelle Bedeutung, die sich in der Feininterpretation des Radixhoroskops, für die Prognose und die Geburtszeitkorrektur einsetzen lässt. Dadurch wird die Genauigkeit der Aussage wesentlich erhöht. Die Bezeichnung »Kritischen Grade« ist nicht negativ zu verstehen. Sie soll zeigen, dass die Grade des Tierkreises in unterschiedlicher Stärke eigenständige Bedeutungen und teilweise das Tierkreiszeichen entscheidend verändernde Inhalte haben.

In der Tat zählen die Kritischen Graden von Michael Roscher in meinen Augen zu den bedeutendsten Errungenschaften der Astrologie in den letzten 20 Jahren, ie lange Zeit nur in Seminaren des Begründers der Schule für Transpersonale Astrologie weitergegeben wurden. Nach langer, aber nicht untätiger Pause hat Michael Roscher die bereits bekannten und in der Praxis bewährten Grade durch neue, bislang noch nicht publizierte Grade ergänzt. Ferner gibt es erstmals eine Einleitung, in der Michael Roscher die Grundgedanken der Entwicklung und Entdeckung seiner kritischen Grade vorführt.

Meridian 5/2005

Standardwerke der Astrologie

MICHAEL ROSCHER UND
WERNER VÖLKEL

Das Buch der Häuserherrscher

Querverbindungen im Horoskop
332 Seiten, gebunden
ISBN 3-925100-83-0

Der bekannte Buchautor Michael Roscher widmet sich in seinem neuesten Werk gemeinsam mit Werner Völkel der Analyse von Querverbindungen im Horoskop. Grundlage ist das System der Häuserherrscher: Anhand der Herrscherverknüpfungen lassen sich zu jedem der durch die zwölf Häuser symbolisierten Lebensbereiche individuelle Deutungsaussagen ableiten.

Dieses Buch bietet ausführliche Deutungen zu 144 möglichen Herrscherverknüpfungen im Horoskop. Die Texte sind sehr praxis- und erfahrungsbezogen geschrieben und zeichnen sich durch psychologischen Tiefgang aus. Durch seinen systematischen und übersichtlichen Aufbau ist dieses Buch bestens als Nachschlagewerk für die tägliche Deutungspraxis geeignet. Es kann von Einsteigern und Profis gleichermaßen mit Gewinn genutzt werden.

Standardwerke der Astrologie

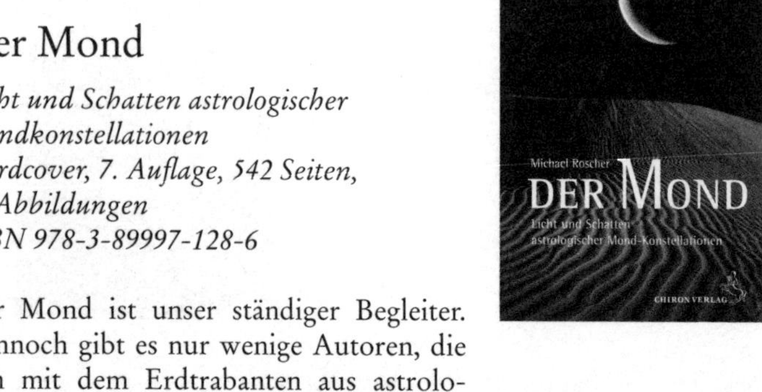

MICHAEL ROSCHER

Der Mond

Licht und Schatten astrologischer Mondkonstellationen
Hardcover, 7. Auflage, 542 Seiten,
35 Abbildungen
ISBN 978-3-89997-128-6

Der Mond ist unser ständiger Begleiter. Dennoch gibt es nur wenige Autoren, die sich mit dem Erdtrabanten aus astrologischer Sicht befassen. Michael Roscher legt mit dem vorliegenden Band das bislang ausführlichste Buch zum Thema vor. In der überarbeiteten und erweiterten Neuausgabe finden Sie ausführliche und psychologisch ausgefeilte Darstellungen zu folgenden Themen:

- der Mond in den zwölf Tierkreiszeichen,
- der Mond in den zwölf Häusern,
- der Einfluss des Aszendenten auf die Monddeutung
- die Mondaspekten der Planeten und des Aszendenten
- die Mond-Transite.

Dabei hat der Autor nicht nur die Schattenseiten des Mondes berücksichtigt, sondern stellt auch dessen Lichtseiten dar. So erfahren Sie aus der Mondstellung nicht nur Ihre persönliche Lernaufgabe, sondern auch Ihre besonderen Fähigkeiten und Fertigkeiten.

Im Vergleich zu der vorliegenden ja eher spärlichen Literatur zum Thema Mond ist es wohl nicht zu hoch gegriffen, wenn man Roschers Mond-Buch als einen Klassiker bezeichnet. *Astrologie Heute*